O ABUSO DE PODER NA ATUAÇÃO DO MINISTÉRIO PÚBLICO

TALITHA BRAZ BERNARDINO

Prefácios
Sebastião Botto de Barros Tojal
Márcio Cammarosano

O ABUSO DE PODER NA ATUAÇÃO DO MINISTÉRIO PÚBLICO

Belo Horizonte

FÓRUM
CONHECIMENTO JURÍDICO

2019

© 2019 Editora Fórum Ltda.

É proibida a reprodução total ou parcial desta obra, por qualquer meio eletrônico, inclusive por processos xerográficos, sem autorização expressa do Editor.

Conselho Editorial

Adilson Abreu Dallari
Alécia Paolucci Nogueira Bicalho
Alexandre Coutinho Pagliarini
André Ramos Tavares
Carlos Ayres Britto
Carlos Mário da Silva Velloso
Cármen Lúcia Antunes Rocha
Cesar Augusto Guimarães Pereira
Clovis Beznos
Cristiana Fortini
Dinorá Adelaide Musetti Grotti
Diogo de Figueiredo Moreira Neto (*in memoriam*)
Egon Bockmann Moreira
Emerson Gabardo
Fabrício Motta
Fernando Rossi
Flávio Henrique Unes Pereira

Floriano de Azevedo Marques Neto
Gustavo Justino de Oliveira
Inês Virgínia Prado Soares
Jorge Ulisses Jacoby Fernandes
Juarez Freitas
Luciano Ferraz
Lúcio Delfino
Marcia Carla Pereira Ribeiro
Márcio Cammarosano
Marcos Ehrhardt Jr.
Maria Sylvia Zanella Di Pietro
Ney José de Freitas
Oswaldo Othon de Pontes Saraiva Filho
Paulo Modesto
Romeu Felipe Bacellar Filho
Sérgio Guerra
Walber de Moura Agra

CONHECIMENTO JURÍDICO

Luís Cláudio Rodrigues Ferreira
Presidente e Editor

Coordenação editorial: Leonardo Eustáquio Siqueira Araújo
Aline Sobreira de Oliveira

Av. Afonso Pena, 2770 – 15º andar – Savassi – CEP 30130-012
Belo Horizonte – Minas Gerais – Tel.: (31) 2121.4900 / 2121.4949
www.editoraforum.com.br – editoraforum@editoraforum.com.br

Técnica. Empenho. Zelo. Esses foram alguns dos cuidados aplicados na edição desta obra. No entanto, podem ocorrer erros de impressão, digitação ou mesmo restar alguma dúvida conceitual. Caso se constate algo assim, solicitamos a gentileza de nos comunicar através do *e-mail* editorial@editoraforum.com.br para que possamos esclarecer, no que couber. A sua contribuição é muito importante para mantermos a excelência editorial. A Editora Fórum agradece a sua contribuição.

Dados Internacionais de Catalogação na Publicação (CIP) de acordo com a AACR2

B523a   Bernardino, Talitha Braz
O abuso de poder na atuação do Ministério Público / Talitha Braz Bernardino.– Belo Horizonte : Fórum, 2019.
129 p.; 14,5cm x 21,5cm.
ISBN: 978-85-450-0653-4

1. Direito Administrativo. 2. Direito Constitucional. I. Título.

CDD: 341.3
CDU: 342.9

Elaborado por Daniela Lopes Duarte - CRB-6/3500

Informação bibliográfica deste livro, conforme a NBR 6023:2002 da Associação Brasileira de Normas Técnicas (ABNT):

BERNARDINO, Talitha Braz. *O abuso de poder na atuação do Ministério Público*. Belo Horizonte: Fórum, 2019. 129 p. ISBN 978-85-450-0653-4.

Aos meus pais, Antônio Carlos e Elizabeth, que tanto se sacrificaram e lutaram para me proporcionarem o melhor ensino possível e sempre apoiaram os meus estudos e minhas decisões.

Ao meu marido e melhor amigo, Robin, pelo amor incondicional e pelo infinito companheirismo.

Ao meu irmão, Igor, que admiro muito. Sua dedicação e persistência me fizeram acreditar que sonhos viram realidade.

Ao Dr. Sebastião Botto de Barros Tojal, pela orientação, oportunidade, paciência e pelo apoio. Obrigada por acreditar no meu trabalho e no tema.

Ao Dr. Márcio Cammarosano, por todo ensinamento, incentivo e por me introduzir a problemática do tópico em suas ilustres aulas.

"Dizem que a vida é para quem sabe viver, mas ninguém nasce pronto. A vida é para quem é corajoso o suficiente para se arriscar e humilde o bastante para aprender."

(Clarice Lispector)

SUMÁRIO

PREFÁCIO
Sebastião Botto de Barros Tojal..13

PREFÁCIO
Márcio Cammarosano 15

CAPÍTULO 1
INTRODUÇÃO 17

CAPÍTULO 2
DO MINISTÉRIO PÚBLICO..21
2.1   Ministério Público antes da Constituição Federal de 1988.....................21
2.2   Luta Institucional do Ministério Público na Constituinte de
1987-1988...26
2.3   O Ministério Público na Constituição de 1988 – Reflexões: avanço
institucional 37

CAPÍTULO 3
DAS CAUSAS DO ABUSO DE PODER PELO MINISTÉRIO
PÚBLICO...51
3.1   Das amplas prerrogativas e competências...51
3.2   Dos instrumentos de controle (*accountability*)......................................58
3.3   Da concepção e percepção de seu papel institucional no Estado
Social de Direito 65

CAPÍTULO 4
DA CONFIGURAÇÃO DO ATO DE ABUSO DE PODER PELO
MINISTÉRIO PÚBLICO..69
4.1   Do excesso de poder...71
4.2   Do desvio de finalidade 80
4.3   Do abuso de direito 90

CAPÍTULO 5
CONSIDERAÇÕES FINAIS – LIMITES DO GARANTISMO...............115

REFERÊNCIAS...119

PREFÁCIO

O Abuso de Poder na Atuação do Ministério Público, originalmente dissertação de mestrado com a qual sua autora, Talitha Braz Bernardino, de quem tive a honra de ser seu orientador, obteve, com elogios, o título de Mestre em Direito do Estado pela Faculdade de Direito da Universidade de São Paulo, é desses trabalhos que, a um só tempo, traz à baila tema de evidente atualidade e importância e denota extrema coragem no seu trato.

Com efeito, procurando fugir do cada vez maior sentimento punitivista que acomete a sociedade e as instituições públicas encarregadas da atividade repressora do Estado, Talitha Braz Bernardino procura empreender um exame crítico da crescente presença do Ministério Público na vida brasileira, identificando um descompasso entre o texto normativo que regula a matéria, notadamente a Constituição Federal, e a maneira pela qual o órgão ministerial vem atuando, especialmente nos últimos anos.

Para tanto, a autora, jovem integrante da Procuradoria-Geral Federal da Advocacia-Geral da União, se vale de ferramental teórico de grande funcionalidade, especialmente a doutrina do abuso do poder.

Nessa perspectiva, *O Abuso de Poder na Atuação do Ministério Público* traz um oportuno exame de como o tratamento constitucional acerca das atribuições do Ministério Público evoluiu, detendo-se, em especial, na análise do processo constituinte do qual derivou a Constituição de 1988, o que, indubitavelmente, contribui para lançar luzes sobre o incremento da função ministerial na atual Carta.

Para além, no entanto, de uma análise meramente descritiva do tema, com a identificação de um incremento da função constitucional do Ministério Público, há por parte de Talitha Braz Bernardino uma preocupação extremamente saudável de identificar as causas do que, no seu diagnóstico, se revela como um processo cada vez mais acentuado de abuso de poder pelo *Parquet*.

Note-se que a obra de Talitha Braz Bernardino não se insurge contra o trabalho, de resto absolutamente essencial para o Estado Democrático de Direito, do Ministério Público. Não se ataca, por exemplo, a essencialidade da sua independência funcional, condição fundamental para o bom desempenho de suas funções constitucionais.

O que efetivamente a autora pretende, e é evidente, pela leitura do seu texto, que atingiu seu objetivo, é discutir em que medida a efetividade da ação repressora do Estado, por todos reclamada, não tem, na prática da experiência cotidiana do Brasil atual, sido perseguida à custa da própria observância da legalidade, paradigma fundamental do Estado Moderno Democrático.

Mais do que isso, Talitha Braz Bernardino procura analisar de forma mais profunda a própria visão garantista do direito, para chamar a atenção para o fato de que todo o debate atual em torno, por exemplo, da repressão à corrupção coloca em confronto duas visões distintas sobre o sempre presente dilema da legitimidade do poder político. É que, se os procedimentos já não são mais capazes de legitimar a ação do Estado, do que poderão se socorrer os cidadãos contra os inevitáveis abusos em que os agentes do Estado possam incorrer?

Dito de outro modo, o que poderá controlar o ativismo institucional, não apenas aquele do Ministério Público, que orientado pelas exigências de resultado ou, se se preferir, de efetividade, sacrifica garantias fundamentais?

O dilema, portanto, entre a racionalidade formal própria da visão garantista e a racionalidade material que orienta a efetividade da repressão hoje, que ponha fim à impunidade, é o pano de fundo perante o qual Talitha Braz Bernardino discute o abuso de poder do Ministério Público.

Para logo se vê que a autora não se limita a um exame, por assim dizer, absolutamente estrito da dogmática. Seu trabalho, e nisso vai um grande mérito, procura tratar de um tema extremamente sensível, desde uma ótica que identifica o Direito e a Política como expressões de uma mesma realidade.

O exagero punitivista, a perda da subsidiariedade do Direito Penal, a administrativização do Direito Penal são processos que conduzem ao abuso de poder e ao desvio de finalidade, distorções cada vez mais evidentes e não apenas no campo de atuação do Ministério Público.

Enfim, é em boa hora que vem a público este trabalho, fruto de uma investigação científica que, antes de tudo, foge do senso comum, para poder melhor compreender seu objeto. Coragem e sobriedade são suas marcas mais evidentes, marcas essenciais a toda e qualquer investigação científica que se pretenda realmente transformadora da realidade.

Sebastião Botto de Barros Tojal

Professor Doutor da Faculdade de
Direito da Universidade de São Paulo.

PREFÁCIO

O Brasil está constituído como um Estado de Direito Democrático, na forma de uma República, caracterizada fundamentalmente por três notas: eletividade dos governantes, temporariedade dos mandatos e responsabilidade dos governantes.

Submetidos, governantes e governados, agentes públicos e privados, pessoas jurídicas e físicas, ao ordenamento jurídico, que tem na Constituição o diploma jurídico-positivo do mais elevado nível hierárquico, não se pode deixar de atentar para a existência de instituições às quais são cometidas competências da maior significação. Entre elas, o Ministério Público, cujas funções são também proclamadas pela nossa lei maior como essenciais à Justiça.

Ao Ministério Público, como instituição permanente, incumbe a defesa da ordem jurídica, do regime democrático e dos interesses sociais e individuais indisponíveis (art. 127 da Constituição da República).

Como não poderia deixar de ser, também o Ministério Público está submetido à ordem jurídica pela qual deve velar. Conquanto independente, está sujeito a mecanismos de controle, avultando o de competência do seu Conselho Nacional, consoante assinalado no art. 130-A, §2º, da Constituição da República.

Pois bem. No exercício de suas funções, o Ministério Público, como instituição, e cada um de seus integrantes, deve atuar não apenas com obediência formal ao direito – regras e princípios jurídicos –, mas em consonância com seu sentido e alcance para além da mera literalidade dos textos jurídico-normativos aplicáveis. Deve, destarte, atuar observando limites extraíveis da lei em tese e das circunstâncias do caso concreto, sob pena de, a pretexto de exercer legitimamente suas competências, delas abusar, ofendendo, assim, a ordem jurídica.

É exatamente de questões pertinentes ao abuso de poder na atuação do Ministério Público que trata esta monografia, de autoria de Talitha Braz Bernardino, com a qual obteve, com encômios, o título de mestre em Direito do Estado, pela Faculdade de Direito da Universidade de São Paulo, perante banca presidida pelo eminente Professor Doutor Sebastião Botto de Barros Tojal, e da qual tive a honra de participar.

Ao ensejo de sua dissertação, Talitha Braz Bernardino trata com maestria do tema a que se propôs, discorrendo a respeito da configuração de ato de abuso de poder pelo Ministério Público.

Anota a autora que, sem embargo do respeito devido, não raras vezes vislumbra-se na atuação de integrante do Ministério Público abuso de poder a pretexto de exercício de competência discricionária. É o que ocorre, segundo a autora, em certos pedidos de decretação de prisão preventiva que, em rigor, prestar-se-iam a levar investigados, sob coerção, a confessar delitos ou delatar alguém.

Também implicam abuso de poder, consoante anota a autora, a propositura de ações com pedido de condenação a pena de multa ou indenização em valores demasiadamente elevados.

Outra manifestação de abuso de poder residiria em responsabilizar exercentes de advocacia pública, por improbidade administrativa, pela emissão de pareceres jurídicos, atentando contra o livre exercício da profissão.

Enfim, Talitha Braz Bernardino desenvolve com proficiência seus argumentos, invocando também princípios como o da boa-fé e da confiança, entre outros, que, violados, implicam uso abusivo de competências, sempre amparada em lições da melhor doutrina e jurisprudência apropriada.

Não se furta a autora, inclusive, de trazer à colação, no seu raciocínio, observações quanto à ética da convicção e à ética da responsabilidade, propondo, a final, limites ao exercício de competências pelo Ministério Público.

Mais não é preciso dizer para recomendarmos aos estudiosos do direito a leitura atenta desta obra, contribuição valiosa no trato da matéria versada.

Márcio Cammarosano

Professor Doutor da Pontifícia Universidade
Católica de São Paulo (PUC-SP).

CAPÍTULO 1

INTRODUÇÃO

A iniciativa do tema surgiu a partir da percepção de que o Ministério Público tem atuado de forma expansiva e ostensiva no exercício de suas funções. O órgão tem procedido de forma discrepante nos últimos anos, tomando a cena do cenário jurídico e das manchetes de jornais. Mas esse destaque não está pautado necessariamente nas benfeitorias que tem feito, mas nos excessos que tem cometido.

Comumente ouvimos reclamações de políticos, juízes, procuradores públicos, advogados, Ministros do Supremo Tribunal Federal e particulares descontentes com o modo que a instituição tem se comportado e conduzido determinadas situações.

Apontamos que, não raras vezes, o Ministério Público age incompativelmente com as diretrizes de sua função, intervindo de forma indevida, descabida e desarrazoada nos vários aspectos da sociedade. Percebe-se o seu anseio de controlar os meios políticos, jurídicos, econômicos e privados, extrapolando o bom senso, o ordenamento jurídico e as suas competências.

Já há artigos, livros, matérias e até manifestos esparsos que retratam e comentam esse fenômeno, mas foi com o intuito de reunir toda essa informação de forma organizada e didática, analisando-a sob uma perspectiva acadêmica, que surgiu a proposta deste trabalho.

O objetivo da obra é, portanto, alertar o mundo jurídico de que está havendo um descompasso entre o que a Constituição, as normas postas, a moral e a ética preveem e a forma com que o Ministério Público tem atuado. Demonstraremos que isso pode configurar na prática verdadeiros atos de abuso de poder.

Pretendemos também explorar não apenas como esse abuso vem ocorrendo, mas quais são as suas causa. Por isso, iniciaremos o estudo comentando as transformações que o Ministério Público sofreu ao longo das Constituições brasileiras e as funções e competências que o órgão foi adquirindo ao longo do tempo.

Para entender a sua estrutura, analisaremos os debates que ocorreram na Constituinte de 1987-1988 e o clima histórico e político que a envolvia, bem como a luta institucional traçada pelo órgão nessa oportunidade para aprovar a sua disposição em capítulo próprio e incluir a previsão de sua autonomia e independência.

Sob um olhar crítico, comentaremos como o órgão foi previsto no direito comparado. Percebemos que em todos os ordenamentos jurídicos o *parquet,* ou a instituição equivalente, está em maior ou menor grau atrelado a algum Poder do Estado, existindo sempre um controle externo de suas atividades e uma estrutura interna hierarquizada. Essa análise nos mostra como a Constituição de 1988 adotou um modelo extremamente inovador e libertador em relação ao Ministério Público, sem, talvez, ter premeditado as consequências que isso poderia acarretar.

Entendemos que uma das causas do abuso de poder decorre exatamente dessa previsão de amplas prerrogativas e competências, que foram alargadas paulatinamente pela jurisprudência. Aliado a isso, há também a ausência de mecanismos de controle sobre o órgão. A independência funcional impede que a instituição interfira na atividade-fim de seus membros. Não há hierarquia funcional prevista e por mais que exista a figura do Conselho Nacional do Ministério Público, que tem por finalidade controlar a instituição administrativamente e financeiramente, verificamos que ela não exerce um controle efetivo sobre a atuação do Ministério Público.

Além disso, criou-se e divulgou-se a ideia, muito impulsionada pela mídia, de que o Ministério Público é o guardião da pátria e o tutor da sociedade, como um órgão incorruptível e distante das paixões humanas.

Todas essas causas contribuíram para acobertar a atuação abusiva da instituição, uma vez que maquiam os seus atos com a falsa aparência de legitimidade. Para entender e desmistificar os abusos cometidos é preciso analisar os seus atos não somente do ponto de vista jurídico, mas também pela perspectiva política e social.

Utilizamos as doutrinas do abuso de poder e o abuso de direito como um ponto de partida para entender esse fenômeno, mas alertamos que a divisão feita serve apenas para fins didáticos, vez que tais atos são tão complexos que podem incorrer em mais de uma categoria ao mesmo tempo. Ilustraremos o abuso com acontecimentos rotineiros e quando pertinente citaremos situações específicas.

Partindo do excesso de poder, como uma vertente da teoria do abuso de poder, encontramos hipóteses em que o Ministério Público exorbita sua competência constitucional. Ele faz isso quando atua como controlador externo do Poder Executivo e impõe seu entendimento frente à implementação de determinada política pública, usurpando a função do gestor público, ou quando interfere em negócios e decisões privadas que fogem de seu campo de atuação.

Já o desvio de poder, ocorre sempre que o *parquet* usa de sua discricionariedade e dos meios disponíveis de forma arbitrária para buscar resultados outros, não queridos ou desejados pelo ordenamento jurídico. Isso se sucede quando são utilizadas indevidamente suas prerrogativas como mecanismo de coação para alcançar os seus objetivos ou, então, age de forma desproporcional, sem medir as consequências que seus atos podem causar a terceiros e à sociedade.

Apesar de o abuso de direito não estar ligado tradicionalmente à teoria do abuso de poder, por ser uma figura típica do Direito Civil, ambos têm raízes e princípios parecidos. Por isso, achamos pertinente aproveitar esse instituto como uma fonte doutrinária apta a interpretar as condutas abusivas do Ministério Público.

Dividiremos a teoria do abuso de direito em seus elementos constitutivos e a partir deles explanaremos a atuação do órgão. O estudo está mais focado em analisar o abuso no exercício do direito de ação, que ocorre quando seus membros descumprem as regras processuais previstas e não agem com a boa-fé e a ética exigida pelo seu múnus público. Avaliaremos também os eventuais danos patrimoniais e morais que tais condutas podem causar.

Por fim, traçamos algumas considerações de como percebemos esses abusos como um movimento atual, em que há um evidente impasse entre a aplicação da teoria do garantismo jurídico e a ética de convicção, segundo a qual os fins definem os meios.

O trabalho não tem por fim atentar ou desmerecer a atuação do Ministério Público. Pelo contrário, reconhecemos a sua a importância para garantir a ordem social democrática. O que pretendemos é alertar que, por vezes, o órgão, no exercício de sua função, sacrifica as normas postas e os direitos fundamentais assegurados para alcançar e perseguir seus objetivos, com abuso de poder.

CAPÍTULO 2

DO MINISTÉRIO PÚBLICO

2.1 Ministério Público antes da Constituição Federal de 1988

Narraremos brevemente como o Ministério Público foi previsto nas Constituições brasileiras. A ideia é entender como a instituição se transformou e foi manipulada no decorrer da história política do país e o contexto que motivou as reivindicações da carreira na Constituinte de 1987-1988.

Em consequência dos aspectos históricos de nossa colonização e principalmente pelo fato de o direito português ter tido vigência no país, o Ministério Público tem raízes no direito lusitano.

O trabalho histórico de Victor Roberto Correa de Souza (2004) explica que foi por meio das Ordenações Manuelinas, de 1521, e das Filipinas, de 1603, que a ingerência do direito português ocorreu no território brasileiro. A primeira foi pioneira ao fazer menção ao promotor de justiça no corpo legislativo de Portugal. Já a segunda tratava da atuação do promotor junto à Casa da Suplicação.

A figura do promotor de justiça, de criação genuinamente brasileira, surge apenas no Tribunal da Relação da Bahia em 1609. No caso, o promotor agia em conjunto com os procuradores dos feitos da Coroa e da Fazenda.

O Ministério Público não estava completamente instituído, mas perante os tribunais havia um procurador da Coroa e um promotor da justiça e perante os juízos singulares atuavam os solicitadores da Fazenda e Resíduos, além dos curadores especiais.

Todavia, é com o Código de Processo Penal do Império, de 29 de novembro de 1832, que a instituição do Ministério Público ganhou previsão legal. O art. 36 dessa lei não exigia que os seus membros fossem bacharéis em direito e estabelecia suas funções como sendo a de: "Denunciar os crimes públicos e policiais, solicitar a prisão dos criminosos, promover a execução das sentenças e mandados judiciais além de dar parte às autoridades competentes das negligencias, omissões e prevaricações dos empregados na administração da Justiça".

Com a reforma do Código de Processo Criminal pela Lei nº 261, de 03 de dezembro de 1841, o *parquet* ganhou um capítulo inteiro denominado *Dos Promotores Públicos*. O art. 22, da lei, previa que: "Os Promotores Públicos serão nomeados e demitidos pelo Imperador, ou pelos Presidentes das Províncias, preferindo sempre os bacharéis formados, que forem idôneos, e servirão pelo tempo que convier. Na falta ou impedimento serão nomeados interinamente pelos Juízes de Direito". Ocorre que, de acordo com o art. 24 da mesma lei, os Juízes de Direito também eram nomeados pelo Imperador dentre os cidadãos habilitados.

De a acordo com a passagem legal, resta claro a falta de independência e estabilidade da instituição, que ainda estava vinculada aos comandos do Poder Executivo.

Com a proclamação da República, foi editado o Decreto nº 848, de 11 de setembro de 1890, que regulamentou a Justiça Federal, bem como criou o Ministério Público como instituição organizada. Na exposição de seus motivos, percebe-se a clara intenção de elevar o *status* do *parquet* e de lhe conceder mais autonomia:

> O Ministério Público, instituição necessária em toda a organização democrática e imposta pelas boas normas da justiça está representado nas duas esferas da Justiça Federal. Depois do procurador-geral da República vêm os procuradores seccionais, isto é, um em cada estado. Compete-lhes em geral velar pela execução das leis, decretos e regulamentos que devem ser aplicados pela Justiça Federal e promover a ação pública onde ela couber. A sua independência foi devidamente resguardada.

Com o advento da República, houve um crescente processo de codificação do direito brasileiro, que culminou com a promulgação dos seguintes diplomas legais: Código Civil (1916), Código de Processo Civil (1939), Código Penal (1940), Código de Processo Penal (1941) e o Código de Processo Civil de 1973, que deram novas atribuições ao Ministério

Público. No entanto, as Constituições brasileiras não acompanharam exatamente essa evolução institucional do *parquet*, como comenta Ronaldo Porto Macedo (2010).

Com efeito, a Constituição de 1891 foi, de certa forma, omissa sobre o Ministério Público, apenas mencionou que a nomeação do procurador-geral da República seria feita por ato do Poder Executivo, após escolha arbitrária entre os membros da cúpula do Poder Judiciário. Foi mantido, assim, o mesmo costume da época imperial.

O Código Civil de 1916, editado na vigência da Carta, inovou ao conceder ao órgão competências na esfera civil, como a de curador de fundações e ausentes, a de propor ação anulatória de casamento e também a de defender interesses de menores e interditos.

Já a Constituição de 1934, consequente da Revolução Constitucionalista de 1932, dedicou mais atenção ao Ministério Público. Este foi previsto dentro do capítulo dos Órgãos de Cooperação nas Atividades Governamentais, de forma totalmente separada do título que tratava do Poder Judiciário. Além disso, a Constituição também previa que a lei federal era competente para estruturar o órgão. No entanto, manteve-se a nomeação do chefe da carreira por escolha discricionária do Presidente da República e a sua demissão por ato *ad nutum*.

A Carta de 1934 inovou ao assegurar aos membros do Ministério Público estabilidade funcional, com a perda do cargo nos moldes da lei ou por sentença judicial e ao prever o ingresso na carreira por aprovação em concurso público. Tais garantias atribuídas à instituição em patamar federal foram estendidas, posteriormente, aos estados.

Além disso, o texto constitucional confiou ao *parquet* novas funções que contribuíram para a valorização e destaque da instituição na sociedade e no Estado. O artigo 96, por exemplo, destinou ao Ministério Público o dever de comunicar ao Senado Federal a inconstitucionalidade de uma lei e o art. 76 declarou a sua titularidade para pedir a revisão criminal em benefício dos condenados *ex officio*.

Apesar de ter sido usado como um instrumento político na época do governo de Getúlio Vargas, a Constituição de 1934 quase conferiu ao Ministério Público a independência institucional e política que o órgão detém hoje.

No entanto, com a outorga da nova Constituição, em 10 de novembro 1937, houve um enorme retrocesso nas prerrogativas da instituição. O texto constitucional fez apenas algumas referências esparsas ao *parquet*, que assumiu a função de cooperador das atividades do governo, como um órgão de atuação do Poder Executivo junto aos

Tribunais. A única alteração positiva incluída nesse regime constitucional foi a possibilidade de os membros da instituição concorrerem ao quinto constitucional nos tribunais.

Apesar de todo o retrocesso que a Constituição de 1937 representou, em 3 de outubro de 1941, passou a vigorar o Código de Processo Penal, que alargou as competências da instituição no âmbito criminal. A atuação do Ministério Público também foi ampliada com a aprovação dos Códigos de Processo Civil de 1939 e de 1973, que estabeleceram a obrigatoriedade de sua intervenção na função de fiscal da lei nas causas que envolvessem interesses de incapazes, estado de pessoas ou interesse público.

Já a Constituição de 1946, nascida de um movimento contrário ao Estado Novo, trouxe de volta o princípio federativo e propiciou grande autonomia aos Estados e Municípios. Além disso, a mesma buscou restaurar o Poder Legislativo e Judiciário com prerrogativas decorrentes de um regime democrático. Resta evidenciado que foi com essa Carta que o Ministério Público deixou de ser considerado, de uma maneira geral, um instrumento político pelos governantes.

A Constituição democrática voltou a dar relevo à instituição, conferindo-lhe título próprio. Previram-se a organização do Ministério Público da União e dos Estados; a escolha do procurador-geral da República, dentre pessoas que preenchessem os mesmos requisitos de ministros do Supremo Tribunal Federal; cometeu-se à instituição a representação da União; fixaram-se as regras de ingresso na carreira mediante concurso, bem como as garantias de estabilidade e inamovibilidade, como ainda instituiu o princípio de promoção de entrância a entrância. Em dispositivos esparsos, cuidou-se de cometer ao procurador-geral da República a representação de inconstitucionalidade e ainda se impôs a obrigatoriedade de ser ouvido o chefe do Ministério Público nos pedidos de sequestro; de outro lado, fixou-se a competência do Senado para aprovar a escolha do procurador-geral da República, como ainda para processá-lo e julgá-lo nos crimes de responsabilidade, enquanto se deferiu ao Supremo Tribunal Federal a competência para processá-lo e julgá-lo nos crimes comuns (MAZZILLI, 1999, p. 15).

Segundo João Francisco Sauwen Filho (1999), o advento da Constituição Federal de 1946 consolidou a independência do *parquet* em relação aos demais órgãos governamentais, apartando-o da esfera de abrangência de qualquer Poder do Estado. As garantias da estabilidade, inamovibilidade e a exigência de aprovação em concurso público para ingressar na carreira, mutiladas pela Constituição anterior, também foram retomadas.

Teoricamente, é de se afirmar que a Constituição de 1946 vigeu até 1966, todavia, com a ruptura do ordenamento jurídico, advinda do golpe militar de 1964, o Congresso Nacional foi transformado por ato institucional em assembleia constituinte limitada. Em 24 de janeiro de 1967, promulgou-se nova Constituição, cujos arts. 137 a 139 colocaram a instituição do Ministério Público como Seção no Capítulo do Poder Judiciário. Foram mantidas, em linhas gerais, as regras anteriormente vigentes, estendendo-se aos membros do Ministério Público a disciplina da aposentadoria e dos vencimentos que vigoravam para a magistratura (MAZZILLI, 1999, p. 16).

No entanto, com o golpe militar de 1964, a "Emenda Constitucional nº 1, de 17 de outubro de 1969" decretou a Carta de 1969, cujos arts. 94 a 96 inseriram a instituição do Ministério Público no Capítulo destinado ao "Do Poder Executivo" (MAZZILII, 1999, p. 16).

Os Atos Institucionais durante o regime militar promoveram barbáries no país. Entre inúmeras medidas, suspenderam as garantias constitucionais de vitaliciedade e estabilidade dos promotores e procuradores, extinguiram os partidos políticos e centralizaram por completo o poder na figura do Chefe do Executivo.

Após tantas alterações, entrou em vigor nova Constituição em 2 de fevereiro de 1967, que apesar de apresentar certo grau de liberalismo, seu texto formal colidia com a realidade autoritária do momento.

No que diz respeito ao *parquet,* o texto o incluiu no capítulo concernente ao Poder Judiciário, tratando-o em seção autônoma e manteve as garantias e prerrogativas anteriormente previstas. A nomeação do procurador-geral da República passou a ser feita pelo presidente da República, com necessária a aprovação do Senado Federal.

Na data de 17 de outubro de 1969, foi outorgada a Emenda Constitucional nº 1. Esta emenda substituiu a Constituição vigente e passou a vigorar como a nova Carta. Mas por não ter sido considerada legítima pelos juristas e pelo Supremo Tribunal Federal, certo é que não houve Constituição de 1969, continuava a de 1967 com algumas alterações realizadas pela sobredita emenda.

Com as mudanças propostas pela emenda, o Ministério Público foi situado novamente na Seção VII, dentro do Capítulo "Do Poder Executivo", nos artigos de 94 a 96, voltando a ser de livre nomeação do presidente da República o cargo de procurador-geral da República, sem a necessária prévia aprovação pelo Senado Federal. Incumbia ao Ministério

Público a defesa dos interesses do Estado, mas na prática funcionava como um instrumento arbitrário do governo, como será comentado. Em 1978, o Congresso promulgou a Emenda Constitucional nº 11, que introduzia o §5º ao art. 32 da Carta de 1969, segundo o qual o procurador-geral da República poderia requerer, em casos de crimes contra a segurança nacional, a suspensão do exercício do mandato parlamentar (MAZZILII, 1999, p. 16).

Todas essas alterações constitucionais em desfavor das prerrogativas do Ministério Público durante o regime militar, subordinando-o aos comandos do Poder Executivo, motivaram seus membros a se organizarem e participarem ativamente na Constituinte de 1987-1988.

2.2 Luta Institucional do Ministério Público na Constituinte de 1987-1988

Neste item relataremos o movimento institucional do *parquet* na Constituinte de 1987-1988. Isso é importante, primeiramente, para entendermos o que de fato o órgão buscava na época, o que os seus membros pretendiam e quais eram os seus anseios, reivindicações e pensamentos. Em segundo lugar, para analisarmos sob um olhar crítico como ocorreu a discussão e a aprovação do capítulo destinado ao Ministério Público na Constituição.

Toda a evolução histórica e jurídica que o Ministério Público vivenciou, como brevemente relatado no capítulo acima, transformou a visão institucional do órgão. Inicialmente, o *parquet* brasileiro estava fortemente associado à tradição lusitana e dos países ocidentais, que vinculava sua atuação quase que exclusivamente à área criminal.

O promotor de justiça, originariamente era o "procurador do rei", agia em nome do monarca que representava o Estado e, consequentemente, segundo a concepção clássica de soberania, representava o interesse público, na medida em que este coincidia com o interesse da coroa (MACEDO JUNIOR, 2010).

Com o passar do tempo e com as alterações constitucionais e legais, o Ministério Público começou a somar atribuições no âmbito do processo civil, como a titularidade para propor ações de interdição, de extinção de pátrio-poder e de alimentos na defesa dos menores e incapazes, bem como adquiriu competência para interferir em questões privadas e comerciais que envolvessem, por exemplo, acidentes de trabalho e massa falida.

Além disso, como explica o professor Pedro Rui da Fontoura Porto (2013), o órgão começou a atuar com mais liberdade de convicção ao desempenhar a função de "fiscal da lei" e ao elaborar pareceres e manifestações judiciais.

Sobretudo, a partir da década de 1980, com a publicação da Lei nº 7.347/1985, que disciplina a ação civil pública, a atuação do Ministério Público na área civil foi inovada. Nesse aspecto, o *parquet* deixa a sua função inicial de perseguir os interesses da administração e assume um papel mais ativo na defesa dos interesses coletivos e difusos.

Todo esse aparato fez com que a instituição questionasse a sua função na sociedade e percebesse a disparidade que havia entre as competências e as prerrogativas que lhe foram outorgadas e o papel que de fato queria exercer.

Aliado a isso, a diferença entre as prerrogativas e os salários dos magistrados e dos promotores era também alvo de insatisfação pela instituição. Apesar de em São Paulo já haver equiparação dos vencimentos do Ministério Público com os da magistratura há muitos anos, o mesmo não acontecia nos outros estados brasileiros. Os promotores sentiam-se desprestigiados.

Na época, o órgão era ainda muito dependente do Poder Executivo. Em São Paulo, a título de exemplo, o Ministério Público era apenas uma unidade de uma das Secretarias do Estado, em que o Secretário de Justiça decidia seu orçamento, e as nomeações, promoções e remoções da carreira eram feitas por ato do governador.

Durante o período da ditadura militar no Brasil (1964-1985), o Ministério Público foi até mesmo utilizado, em algumas ocasiões, como instrumento para alcançar os fins desse regime.

José Saulo Pereira Ramos (2005) explica em artigo intitulado "Os Arquivos da Ditadura Guardam Segredos Incômodos ao Ministério Público" que a atuação do órgão era arbitrária, inquisitiva e subserviente ao regime militar. O Ministério Público sustentava com respaldo jurídico barbáries no inquérito e no processo penal, criando a famosa doutrina do medo. O Ministério Público Militar, por exemplo, pedia penas severas aos réus que cometiam crimes contra o Estado e a ordem política social com base na Lei de Segurança Nacional nº 1.082/1953 (GARRIDO, 2017).

Visto todo esse cenário, de acordo com o relatado no trabalho de Mylene Comploier (2015), com o início do fim do governo militar e com o advento da promessa de nova ordem constitucional, o Ministério Público sentiu a necessidade de não assistir a esse processo de maneira estanque e de aproveitar o momento para apresentar proposta de mudanças a partir de reflexões levantadas pela própria instituição.

O primeiro passo foi criar uma "consciência nacional", diante das inúmeras disparidades regionais existentes, vez que não havia, até então, uma identidade entre os Ministérios Públicos das diferentes esferas federativas.

Nesse sentido, em meados de 1985, foi organizado um congresso em São Paulo para discutir o tema "Ministério Público e Assembleia Nacional Constituinte". Paralelamente a esse congresso, a Confederação Nacional do Ministério Público (CONAMP) enviou um questionário para analisar a opinião de seus membros sobre as principais questões que envolviam a instituição.

A partir daí, foi marcado um encontro em Curitiba, em junho de 1986, para reunir, pela primeira vez na história do Ministério Público, todos os presidentes de Associação e todos os procuradores-gerais. A comitiva de São Paulo[1] apresentou uma proposta de anteprojeto para aperfeiçoar a instituição, que foi posta aos presentes como um ponto de partida para iniciar as discussões. A proposta foi debatida e votada, resultando na chamada Carta de Curitiba.

Com o projeto estabelecido, os membros apresentaram suas reivindicações juntos aos congressistas e acompanharam fielmente os trabalhos da Assembleia Nacional Constituinte (ANC). As principais demandas giravam basicamente em torno dos seguintes temas: (i) o exercício da advocacia privada pelos membros do Ministério Público; (ii) a forma de escolha do Procurador-Geral; (iii) a criação de um perfil autônomo e independente para a instituição; (iv) a equiparação de vencimento e prerrogativa dos magistrados aos promotores; (v) o exercício de atividade político-partidária; (vi) o controle externo da atividade policial e (vii) a ampliação de competências do órgão.

Na Assembleia Nacional Constituinte, foi criada a Comissão da Organização e Sistema de Governo e dentro desta uma Subcomissão do Poder Judiciário e do Ministério Público para discutir e elaborar o texto constitucional pertinente a essas instituições.

---

[1] Fizeram parte desta comitiva o Hugo Nigro Mazzilli, Walter Paulo Sabella, Antonio Araldo Ferraz Dal Pozzo, Cláudio Ferraz de Alvarenga, Luiz Antonio FleuryFilho, Paulo Salvador Frontini, Tilene Almeida de Moraes, Moacyr Antonio Ferreira Rodrigues, Antonio Augusto Mello de Camargo Ferraz, José Emmanuel Burle Filho, Pedro Franco de Campos e Renato Martins Costa.

No dia 13 de abril de 1987, foi realizada audiência pública[2] com o representante da Confederação Nacional do Ministério Público, Antônio Araldo Ferraz Dal Pozzo.

Do discurso de abertura do promotor, percebe-se que o órgão defendia veementemente o seu fortalecimento como defensor dos interesses da sociedade e ouvidor dos anseios do povo, algo semelhante à figura do *ombudsman*.

A intenção da instituição era de que o cidadão procurasse o Ministério Público para auxiliá-lo em qualquer aspecto de sua vida, tanto para tratar de assuntos conjugais e filiais, como para requerer pensão junto ao extinto Instituto Nacional de Previdência Social (INPS). Nota-se que o órgão reivindicava, nesse primeiro ponto, a ampliação de suas funções, para incluir a competência de defender quase todos os interesses individuais e coletivos, era ambicioso e queria ter mais importância e destaque no cenário jurídico brasileiro.

Os protestos exteriorizados nesse primeiro discurso mais se pareciam com um capricho da instituição, do que de fato uma ideia elaborada e discutida, que previsse as consequências que o acúmulo dessas funções pudessem causar. Tanto é que Antonio Araldo Ferraz Dal Pozzo[3] (2012 *apud* COMPLOIER, 2015, p. 69) deixa assim entender, ao afirmar que "na dúvida, coloca-se o Ministério Público":

> Essa evolução nasceu graças a uma discussão permanente que fazíamos, captando ideias, tendo ideias, mas buscando entender aquilo que circulava pelos corredores do Congresso e, em especial, as deficiências do regime democrático que se pretendia construir decorrentes de um sistema que inicialmente se pretendia parlamentarista e depois mudado para o presidencialismo. Essa foi uma brecha importante que divisamos, pois essa metamorfose ocorreu no meio do caminho. Mas, de qualquer maneira, sempre que detectávamos um ponto fraco no estudo do mecanismo democrático que se desenhava, quando sentíamos uma deficiência, encontrávamos uma maneira de colocar o Ministério Público no meio. Aquele rol de atribuições institucionais que estão na Constituição, são, vamos dizer assim, o preenchimento de lacunas nos

---

[2] A análise desse tópico está baseada na leitura da ata da 2º Reunião Ordinária Realizada pela Comissão da Organização e Sistema de Governo Subcomissão do Poder Judiciário e do Ministério Público realizada em 09 de abril de 1987, Brasília. Assembleia Nacional Constituinte (Atas de Comissões). Disponível em: http://www.senado.leg.br/publicacoes/anais/constituinte/3c%20-.pdf. Acessado em: 07 de jun. de 2017.

[3] Entrevista concedida por Antonio Araldo Ferraz Dal Pozzo ao Memorial do Ministério Público do Rio Grande do Sul com a participação do procurador de justiça Ricardo Vaz Seelig, São Paulo, em 9 maio 2012.

sistemas de controle dentro do Estado democrático que se procurava criar. [...] Esse é um exemplo muito claro de como conseguíamos escrever essas coisas no texto da Constituição. Como passar do tempo, essa ideia virou quase um hábito na Constituinte: na dúvida, coloca-se o Ministério Público. Mas, houve um momento em que tivemos que começar a cortar atribuições, porque, também, não dava para fazer tudo que queriam. Enfim, foi essa a maneira pela qual conseguimos vender a idéia do Ministério Público, como sendo aquele que queria fazer o que, no Estado Brasileiro anterior, não se encontrava quem fizesse. Brincávamos que àquela época se dizia: "Vai reclamar para o Bispo!"... e nós queríamos ser esse "Bispo" ... Quer dizer, a entidade, o braço da sociedade que recebe poder para fazer e faz. Essa foi a estratégia. A estratégia de conhecer as pessoas e de colocar as questões dentro do texto.

Além disso, o *parquet* também reivindicava novas atribuições, como a de supervisor de procedimentos investigatórios criminais e a de defensor do regime democrático, o que incluía processar e investigar atos de abuso de poder econômico e poder administrativo e também atos de violação aos direito humanos e sociais.

Tais atribuições tinham como objetivo desvincular o órgão do Poder Executivo. Por isso, o promotor demonstrava ser necessário assegurar garantias à instituição e a cada um de seus membros. Defendia-se, assim, a concessão de autonomia administrativa e financeira ao Ministério Público, bem como a paridade salarial dos promotores a dos juízes.

Sobre esse ponto, o constituinte e relator da subcomissão, Plínio Arruda Sampaio, pergunta ao representante do Ministério Público como uma instituição dotada de todas essas prerrogativas poderia ser fiscalizada por outros órgãos ou Poderes.

Antônio Araldo Ferraz Dal Pozzo responde à indagação, admitindo que a ideia é de que o Ministério Público assuma uma parcela do poder político do Estado, principalmente, por se tornar titular da ação penal. Nesse ponto, vale a pena transcrever as suas considerações na audiência pública:

> Parece-me que nesse núcleo de atividade do Ministério Público estabeleceríamos a indagação do fiscal do fiscal, e do fiscal do fiscal, *ad infinitum*. Há que se ter uma etapa final de fiscalização. E é justamente por ter essa disponibilidade que o Ministério Público exerce, segundo autores da nomeada de um Hely Lopes Meireles, uma parcela do poder político do Estado.

Essa passagem é extremamente interessante, pois por ela percebemos que desde o início, na própria discussão da Constituinte, a questão da fiscalização e do controle sobre o Ministério Público já é levantada e problematizada.

Notamos ainda que a resposta dada pelo representante da carreira não foi clara. O trecho transcrito acima é vago e simplista, não aborda com seriedade a preocupação levantada. É quase retórica ao afirmar que não pode haver um mecanismo de fiscalização infinito.

Isso é incoerente, pois admitir que deve haver um limite para o controle e a fiscalização do poder e indicar o Ministério Público como o órgão responsável e competente para esse tipo de tarefa é uma ofensa direta à Teoria da Divisão de Poderes e ao Sistema de Freios e Contrapesos, consagrados por Montesquieu, que prega no campo político-social o equilíbrio e o limite dos poderes, através do controle recíproco de um sobre o outro.

Em outras palavras, o *parquet* se autointitula o fiscal *mor* do Estado Democrático de Direito brasileiro e apresenta isso de forma clara na Comissão, em um momento em que está se discutindo uma nova ordem jurídica para o país e uma nova estrutura para a instituição.

O trabalho tem por fim discutir o abuso de poder na atuação do Ministério Público e entender, principalmente, como e por que ele ocorre.

O abuso de poder, na nossa visão, está intimamente ligado às amplas prerrogativas que o Ministério Público detém e às poucas responsabilidades que assume. Acreditamos que esses fatores são uma das causas que explicam a atuação exacerbada e inconsequente de seus membros em certas ocasiões.

Veja bem, voltando aos debates que aconteciam na Constituinte, percebemos que, o que hoje apontamos como crítica, já era na época uma vontade manifesta do órgão, a de ser "o último fiscal" da Constituição. Antônio Araldo Ferraz Dal Pozzo justifica essa intenção com a seguinte argumentação:

> O inconveniente de se abrir a fiscalização nessa área, para qualquer pessoa do povo, traz o problema da ação penal popular, que seria uma ação, quando o Ministério Público não agisse, deferida, então, ao particular. A ação penal popular tem contra si inúmeros e sérios argumentos, o principal dos quais é de que serviria muito mais como instrumento de vingança pessoal do que propriamente como instrumento de justiça. E é até elitista, porque o pobre não teria condições de arcar com as despesas de contratação de um bom advogado para mover uma ação penal adequada e tentar um bom resultado. Ela tem servido, ao longo dos anos, apenas e tão somente para perseguições pessoais. A lei de falências em vigor permite isto, e quem milita na área de falências sabe que ela só é utilizada para fins de vingança pessoal.

A ideia passada no discurso é a de que o Ministério Público é um órgão totalmente imparcial e incorruptível. Ocorre que o representante se esquece de que a instituição é formada por pessoas, que apesar de terem comprovado o seu conhecimento jurídico em concurso público para ingressarem na carreira, ainda assim não estão livres das paixões humanas. Acrescenta-se ainda o fato alarmante de que são pessoas dotadas de amplas prerrogativas constitucionais, o que lhes permite atuar com mais flexibilidades e, por que não dizer, responder de forma amena pela consequência de seus atos. A fala transcrita acima é uma explicação prepotente do órgão, que se apresenta como a única solução plausível para o país na Subcomissão do Poder Judiciário e do Ministério Público na Assembleia Nacional Constituinte.

Em continuação, o presidente da CONAMP ainda esclarece que o órgão seria controlado em seus aspectos funcionais e organizacionais por instrumentos internos, tais como o assentimento do procurador-geral no arquivamento de um inquérito penal no caso de discordância sobre o assunto entre o promotor responsável e o magistrado competente.

No entanto, esse tipo de fiscalização interna não é suficiente na visão do constituinte Mauricio Corrêa, que indaga na referida audiência:

> Preocupa-me, no entanto, a disposição do art. 9º do anteprojeto. Devo dizer que procedi, à *vol d'oiseaux*, à leitura do texto que citei, concentrando minha atenção na bela exposição que V. Sª fazia. Diz o referido artigo que o procurador-geral somente poderá ser destituído, em caso de abuso de poder ou omissão grave no cumprimento dos deveres do cargo, por deliberação do Colégio Superior, pelo mínimo de dois votos. Não lhe parece que aqui está tipicamente a figura desse espírito corporativista na medida em que sabemos que, por tradição, o Senado Federal é que julga os crimes de responsabilidade do Presidente da República e até dos membros do Supremo Tribunal Federal? Parece-me que, neste aspecto, não vamos concordar.
> (...)
> A própria Lei Orgânica da Magistratura Nacional – a Loman – prescreve que nos casos de representação contra juízes, para apreciação pelo Conselho de Magistratura, não só o Conselho Federal da Ordem tem legitimidade para essa arguição, senão também os conselhos secionais. Outrossim, essa parte em que o Procurador-Geral da República, não representando por inconstitucionalidade – ressalva essas hipóteses e acrescenta que, na alínea d – "o Conselho Federal da Ordem dos Advogados do Brasil poderá fazê-lo, mediante deliberação de dois terços de seus membros". Quero dizer que em estudos e projetos anteriores, encaminhados inclusive por ocasião do regime militar, assegurava-se o direito de representação aos conselhos secionais da Ordem dos Advogados do Brasil.

Mais uma vez a amplitude da proposta apresentada pelo Ministério Público gera polêmica. O constituinte ao citar "espírito corporativista" critica a posição do promotor de que as questões internas devem ser tratadas exclusivamente pelo órgão e apenas por seus membros. A ideia de que somente os seus pares podem julgar o procurador-geral chama atenção por destoar novamente da Teoria da Separação de Poderes.

O constituinte Mauricio Corrêa exemplifica nessa passagem o descompasso lógico e jurídico da proposta apresentada pelo Ministério Público, comparando o controle que o chefe do Poder Executivo sofre pelo Senado Federal e o controle que os magistrados estão sujeitos pelos conselhos de classe dos advogados.

Interessante notar que um dos maiores objetivos apresentados pela carreira na Constituinte é a equiparação de salário e de vantagens dos promotores à dos juízes. No entanto, no que diz respeito aos controles e responsabilidades, o órgão parece não querer se sujeitar aos mesmos ônus.

Exatamente sobre essa contradição, que Cassio Martins de Costa Carvalho (1987), conselheiro nato do Instituto dos Advogados de São Paulo na época, em saudação aos juízes do Tribunal de Alçada Criminal, assim se posicionou:

> Ora, se o objetivo do projeto é assegurar independência [ao Ministério Público], parece óbvio que ela já está plenamente assegurada em face da Lei Complementar 40, de 14.10.81, quando dispõe em seu artigo 2º: "São princípios institucionais do Ministério Público a unidade, a indivisibilidade e a autonomia funcional" e em seu artigo 16, quando prescreve que "os membros do Ministério Público estadual sujeitam-se ao regime jurídico especial e gozam de independência no exercício de suas funções".
>
> Em face dessa autonomia, dessa independência, assegurada por lei, ela se efetivam tão somente por força de vontade pessoal de quem delas usufrui.
>
> Não há, portanto, como cogitar-se de pressões de qualquer espécie, só feitas por quem não tenha noção de moral.
>
> Equiparação á Magistratura já foi feita e nosso Estado, em termos de vencimentos e vantagens amparadas, até, por Súmula do augusto Supremo Tribunal Federal.
>
> Diga-se de passagem, com visível vantagem maior para os dignos membros do Ministério Público, não somente porque não têm as mesmas vedações impostas ao Judiciário, como também porque exercendo cargos fora des suas carreiras, incorporam a seus vencimentos mais essa vantagem, desde que exerçam suas funções em determinado período.

O Estado, a 23 deste, publicou observações feitas por seu ilustre colaborador Aluísio de Toledo Cesar, que se aplicam ao caso como uma luva. Acrescenta-se a isso que o artigo 234 do projeto constitucional, ao assegurar ao Ministério Público independência funcional e as mesma garantias, vencimentos e vantagens conferidas ao magistrados etc., não faz alusão alguma a "vedações".

Ademais, se lhe for conferido livre poder de crítica sobre os Poderes constituídos, o Judiciário seria passível dessas críticas?

O ponto levantado pelo representante da advocacia é relevante. Já havia, na época da Constituinte, a Lei Complementar nº 40/1981, de âmbito nacional, que traçava diretrizes ao Ministério Público estadual e que previa a unidade, a indivisibilidade e a autonomia funcional do órgão. O artigo 16 da lei cita, por exemplo, que os membros sujeitam-se a regime jurídico especial e gozam de independência no exercício de suas funções, e o artigo 17, por sua vez, prevê a estabilidade no cargo após dois anos de efetivo exercício.

Não existia de fato a necessidade de incluir tais vantagens e prerrogativas expressamente na nova Constituição Federal, enquanto a edição de uma lei infraconstitucional nacional poderia reger tal questão.

Isso nos faz refletir se de fato a Constituinte foi um ambiente de debates de ideia e argumentos, como deveria ter sido, ou se somente foi um ambiente de votação e de aprovação de textos previamente enviados pelos interessados.

Da análise das audiências públicas realizadas pela Subcomissão do Poder Judiciário e do Ministério Público, extraímos que não houve tempo suficiente para debater e contra-argumentar pontos pertinentes e contraditórios das propostas apresentadas.

Com efeito, foi realizada apenas uma única audiência sobre as disposições do capítulo destinado ao Ministério Público. Durante a sessão, foi estabelecido tempo determinado para cada Constituinte expor sua opinião e formular perguntas. Não houve a participação ativa de terceiros interessados, como associações de civis, advogados e magistrados. Por óbvio, não ocorreu a discussão necessária que a ocasião exigia. O texto que foi apresentado pelo *parquet* foi quase integralmente aprovado, sem muita resistência.

Acreditamos que não tenha sido apenas no capítulo destinado ao Ministério Público que esse lapso tenha ocorrido. Esse problema está ligado à sistemática adotada para redigir uma nova Constituição para o país.

Eleger os membros que irão se unir para decidir o destino da nação pode parecer em um primeiro momento a providência mais democrática a ser tomada, mas há, no entanto, inconvenientes.

No artigo "Sete Pecados Capitais Ameaçam a Constituinte", publicado em 1986, antes de se iniciarem os debates da Constituinte, Solon Borges dos Reis disserta sobre o tema. O autor comentou sobre os desafios que os constituintes iriam enfrentar e possíveis problemas que poderiam surgir na aprovação do novo texto.

A prodigalidade foi um dos problemas, ou pecado, apresentado. Na ânsia de redigir um texto novo e moderno, a Constituinte poderia aprovar, em nome do interesse público e de uma causa justa, concessões e privilégios indevidos. Outro risco seria o do particularismo. Uma Carta outorgada pelos detentores ocasionais do poder poderia limitar a nova ordem jurídica aos pensamentos e reflexões de apenas uma classe, religião ou de uma categoria profissional.

Essas inquietações ocorreram de certa forma na prática. A Subcomissão do Poder Judiciário e Ministério Público limitou-se a ouvir e a acolher apenas as sugestões das carreiras interessadas. Por mais que os constituintes tivessem levantado questionamentos durante as sessões públicas, estes não foram devidamente respondidos ou enfrentados, bem como não houve a participação de outras associações e grupos para enriquecer a discussão.

Fechando esse parêntese e voltando ao debate ocorrido na Comissão, para rebater a crítica recebida pelo constituinte Mauricio Corrêa, de que apenas o controle interno não era suficiente para controlar a instituição, o promotor argumenta que a instituição sofre coação social muito intensa e que o Conselho Superior da carreira é sério e competente o suficiente para lidar com essas questões:

> O Ministério Público sofre uma coação social muito intensa. Dentre as instituições, talvez seja aquela que mais de perto sofra o primeiro embate da imprensa e dos outros Poderes. Por isso mesmo, quiçá, o Ministério Público tenha, grosso modo, conseguido ficar quase incólume, durante todo este tempo, pelo fato de que gozamos de uma liberdade extremamente vigiada dentro da instituição. O Conselho Superior, no seu julgamento, talvez seja mais severo conosco do que provavelmente o seriam outras instituições. Nossa experiência é de muitos anos. É o que temos sentido e o que podemos dar, como testemunho, nesta oportunidade. Esta é a razão da inclusão referida. Não há preocupação corporativista. Ao contrário, esse conselho, o órgão especial do Colégio de Procuradores e o próprio Procurador-Geral, normalmente têm sido

muito mais severos do que certas instituições estranhas ao quadro do Ministério Público. Esta é a razão, numa visão nossa, de dentro para fora, que nos leva a colocar a questão desta forma.

Veja bem, novamente a justificativa dada não responde ao problema colocado. Afirmar que os membros do Ministério Público são sérios o suficiente para realizar o controle interno da instituição é uma colocação prepotente e idealizada.

Parece-nos que assuntos importantes dessa natureza não foram discutidos e pensados pela carreira quando elaborou e escreveu a proposta institucional, pois destoam em alguns aspectos da ordem constitucional até então estabelecida.

Continuando o rol de pergunta sobre o tema, o constituinte Michel Temer sugere a possibilidade de o procurador-geral da República, antes de ser escolhido, se submeter a aprovação por audiência pública.

Em resposta, Antonio Araldo Ferraz Dal Pozzo afirma que o Ministério Público deseja ser fiscalizado e que quanto mais controle melhor para a sociedade:

> Quanto à ideia de audiência pública, acho-a excelente. Quanto mais mecanismos de controle, de participação do povo, para a nomeação de chefia dentro do Ministério Público, mais salutar para a democracia. O Ministério Público deseja ser fiscalizado. Tudo o que faz, tudo o que possa fazer deve passar pelo crivo da fiscalização dos legítimos representantes da sociedade brasileira, como são os membros do Poder legislativo. O espírito que nos anima a tomar obrigatória a representação por inconstitucionalidade é exatamente este que V. Ex retrata, de que qualquer pessoa jurídica de direito público – arrolamos apenas algumas – possa exercê-la, Pela sua vivência, pela sua experiência, o próprio Ministério Público sabe que, quanto mais controle, melhor para o interesse da sociedade que ele procura defender.

Enfatiza-se que a última frase: "pela sua vivência, pela sua experiência, o próprio Ministério Público sabe que, quanto mais controle, melhor para o interesse da sociedade que ele procura defender" é emblemática e importante, pois mostra que o objetivo da instituição é utilizar a sua função de controlador para alcançar o interesse público.

Ocorre que esse pensamento não é uma verdade absoluta. O excesso de controle também é prejudicial para o Estado de Direito, à medida que pode dificultar e paralisar o curso de políticas públicas e criar barreiras burocráticas para o andamento da máquina estatal.

Além disso, a exposição feita por Antonio Araldo Ferraz Dal Pozzo é, no mínimo, contraditória. Inicialmente, o *parquet* defende ser suficiente para não sofrer um controle externo e após afirma que quanto mais controle melhor.

De acordo com o discorrido no tópico anterior, percebemos que o Ministério Público não ganhou muitas competências além das que detinha na época da Assembleia Nacional Constituinte, uma vez que já lhe competia propor ações penais e coletivas para a defesa do interesse social, por disposição de leis infraconstitucionais.

O inovador com a promulgação da Carta de 1988 foram as prerrogativas asseguradas ao órgão, principalmente em relação à independência funcional, com a justificativa de que eram medidas necessárias para exercer livremente sua função. Essas atribuições são bem mais amplas se comparadas com as que seus pares detêm, como será analisado a seguir.

2.3 O Ministério Público na Constituição de 1988 – Reflexões: avanço institucional

Inquestionável a transformação do Ministério Público com o advento da Constituição de 1988. Nenhuma outra instituição ligada à justiça foi tão alterada, como reconhece Hugo Nigro Mazzilli[4] (2011 *apud* COMPLOIER, 2015, p. 333), em entrevista concedida ao Memorial do Ministério Público de São Paulo:

> O Ministério Público teve o mérito, a meu ver, de ter sentido isto, de também ter querido mudar, e, verdade seja dita, o Ministério Público realmente foi a única instituição ligada à Justiça que realmente quis mudar de forma efetiva. Veja que, depois da Constituição de 1988, a Magistratura continuou praticamente como era; não me refiro à sua estrutura organizacional ou a aspectos secundários, mas sim quero dizer que a estrutura filosófica da Magistratura não mudou. Por sua vez, a Advocacia não mudou seus princípios ou sua filosofia a partir de 1988. Mas, antes de 88 e depois de 88, são dois Ministérios Públicos diferentes. Estávamos, pois, vivendo esse período de fim de ditadura militar; já havia começado a abertura política, e o Ministério Público vinha buscando novas atribuições, mais espaço para atuação, funções de cunho mais social, e não apenas funções meramente interventivas ou processuais.

---

4   Entrevista concedida por Hugo Nigro Mazzilli ao Dr. Alexandre Rocha Almeida de Moraes, Dra. Ieda Casseb Casagrande Bignardi, Dr. Ruy Alberto Gatto e Dr. Walter Paulo Sabella realizada pela Comissão do Memorial do Ministério Público do Estado de São Paulo. São Paulo, nov 2011.

Essa alteração foi fruto do momento histórico-político vivido pela Constituinte de 1987. O fim da ditadura militar iniciada em 1964 e a expectativa da sociedade de mudar o país favoreceram a aprovação de um texto progressista.

Nesse sentido, Fábio José Kerche Nunes (2010, p. 120) comenta:

> Minha hipótese é que a aprovação deste modelo de Ministério Público se deve a dois aspectos. Por um lado, e este é o pressuposto, verificou-se, de fato, uma eficiente organização da Confederação Nacional do Ministério Público que ofereceu aos constituintes uma proposta em forma de texto constitucional (a "Carta de Curitiba") sobre a inclusão do parquet na Constituição e desenvolveu um trabalho de acompanhamento junto às discussões constituintes (lobby) que se mostrou eficaz. Por outro, houve relativa facilidade para esse lobby operar "vendendo" aos constituintes a ideia da importância da criação de um agente não político – ou pelo menos, não político partidário – responsável pela defesa de interesses da sociedade. Essa relativa facilidade se deve a um aspecto conjuntural e a características de cultura política.

Ocorre que toda essa progressividade diferiu as prerrogativas e as funções do Ministério Público brasileiro em relação à de outros órgãos de mesma natureza no cenário internacional. Isso nos faz questionar se a Constituição de 1988 foi prudente ao conceder elevado grau de autonomia e independência à instituição.

A Constituição Federal de 1988 dedicou ao Ministério Público uma seção inteira dentro do Capítulo IV destinado a Funções Essenciais à Justiça. O artigo 127 assegurou ao órgão autonomia funcional e administrativa para propor ao Poder Legislativo a criação e extinção de seus cargos e para elaborar sua proposta orçamentária, bem como previu como princípios institucionais a unidade, a indivisibilidade e a independência funcional de seus membros. A instituição assumiu o *status* de permanente e essencial à função jurisdicional do Estado, incumbindo-lhe a defesa da ordem jurídica, do regime democrático e dos interesses sociais e individuais indisponíveis. A nomeação do procurador-geral da República, de acordo com o artigo 128, passou a ser realizada pelo presidente da República, dentre integrantes da carreira, após a aprovação de seu nome pela maioria absoluta dos membros do Senado Federal.

Samantha Ribeiro Meyer-Pflug (2012, p. 183) entende ser discutível a posição e a autonomia que o Ministério Público assumiu no Estado após a promulgação da Constituição de 1988. No entanto, segundo ela, essa discussão é muito mais de cunho teórico, doutrinário, do que na verdade dogmático-jurídico. A análise do órgão não deve recair em sua classificação dentro da repartição de Poderes, mas sim, essencialmente, no grau de independência que o Ministério Público passou a desfrutar no cenário político-jurídico brasileiro.

No direito comparado, verifica-se que o *parquet* encontra-se sob influência do Poder Executivo na maioria dos países. Em outros casos, o órgão está relacionado ao Poder Legislativo ou ao Poder Judiciário. Apenas em poucas nações ele é delineado como independente.

Para compreender a extensão da autonomia do Ministério Público na Constituição de 1988, é preciso analisar como outros países concebem e organizam a sua estrutura. Por isso, discorreremos brevemente sobre como o órgão foi disciplinado em outros ordenamentos jurídicos.

O modelo de Ministério Público conexo ao Poder Executivo é o mais frequente na perspectiva do constitucionalismo contemporâneo. Compreende a acusação pública como um modelo de execução da política criminal do governo, em que este tem o poder de influir em diferentes proporções no desempenho de sua atuação, como explica Andrea Cristiane Kahmann (2004).

Rubén Martinez Dalmau[5] (1999, p. 54 *apud* KAHMANN, 2004, p. 13) observa que esse sistema confere ao órgão fiscalizador legitimidade democrática que dificilmente poderia ser deduzida de sua designação por parte de outro órgão, salvo, é claro, quando advinda do próprio Legislativo. O binômio autonomia/aproximação do *parquet* ao Poder Executivo é geralmente regulado por lei, que traça os intervalos necessários e delimita as suas possibilidades de influência.

Na Constituição da República Francesa (1958), por exemplo, Ricardo Ferreira Sacco (2007) explica que o Ministério Público está inserido dentro do Título VIII – Da Autoridade Judiciária, sendo tratado em apenas um único artigo.

Na França, o Conselho Superior da Magistratura é subdividido em dois, um de competência dos magistrados dos tribunais e outro cuja competência refere-se aos magistrados do Ministério Público. É interessante observar que a referida Constituição, com oitenta e nove artigos, é bastante sintética em relação ao órgão.

Apesar de o parquet ser tratado dentro do Título VIII, ou seja, como autoridade judiciária, o Conselho Superior da Magistratura é presidido pelo presidente da República, chefe do Executivo, sendo

---

[5] MARTÍNEZ DALMAU, Rubén. *Aspectos Constitucionales del Ministério Fiscal*. Valencia: Tirant lo Blanch, 1999.

o vice-presidente do Conselho o Ministro da Justiça. A Carta não faz referências às prerrogativas e às garantias dos magistrados do Ministério Público.

As principais características da instituição são a dependência hierárquica e o princípio de unidade. A primeira refere-se ao fato de que todos os membros do Ministério Público dependem do Ministro da Justiça, mantido no topo da pirâmide hierárquica, bem como estão subordinados às ordens de seus superiores. Já a segunda prevê que o promotor atua representando a instituição como um todo e, por isso, pode ser substituído no decorrer do processo, uma vez que não goza da garantia da inamovibilidade no desempenho de suas atribuições (CARVALHO,[6] 1986, p. 84 *apud* KAHMANN, 2004, p. 13).

Sobre o controle do *parquet*, Fábio José Kerche Nunes[7] (2002 *apud* SACCO, 2007, p. 92) escreve:

> [...] no caso francês, os fortes laços com os Poderes eleitos não se restringem ao Ministério Público, mas se prolongam inclusive aos magistrados. Neste sentido, os juízes deveriam ser 'executantes' da vontade popular. Se o Judiciário não é considerado um Poder totalmente independente de Estado; e se a soberania está no povo, delegada ao governo, os promotores funcionam como uma espécie de 'porta-voz' desta soberania. Ou seja, o promotor é aquele que transmite a posição do Ministro da Justiça – e, portanto, do próprio governo – ao juiz.
>
> (...)
>
> Apesar da 'liberdade da palavra', ou seja, a possibilidade do procurador desobedecer verbalmente durante o processo as instruções dadas por seu superior, sua carreira será prejudicada já que é o Conselho Superior da Magistratura, controlado pelo Ministro da Justiça, que indica, por exemplo, as promoções. Isto garante, portanto, uma interferência do governo sobre a atuação dos promotores. [...] Não parece ser por outro motivo que os promotores franceses detém razoável doses de discricionariedade, mas, em contrapartida, devem prestar contas de suas escolhas. Portanto, a instituição é controlada pelo Ministro da Justiça e pelo parlamento, mesmo com a liberdade de palavra assegurada aos promotores – já que, como vimos, isto poderia prejudicar a carreira do

---

[6] CARVALHO, Paulo Pinto de. Uma incursão do Ministério Público à luz do Direito Comparado: França, Itália, Alemanha, América do Norte e União Soviética. In: MORAES, Voltaire de Lima (Org.). *Ministério Público, direito e sociedade*. Porto Alegre: Sergio Antonio Fabris, 1986.

[7] KERCHE, Fábio. Controle Democrático e o Sistema Judicial: O Ministério Público Brasileiro em Perspectiva Comparada. In: 3º ENCONTRO DA ASSOCIAÇÃO BRASILEIRA DE CIÊNCIA POLÍTICA, 2002, Niterói-RJ. Disponível em: www.cienciapolitica.org.br/encontro/instpol1.3.doc. Acessado em: 20 dez. 2005.

integrante da organização. Deste modo, a agência responsável pela ação penal na França não é uma instituição independente de controle dos Poderes políticos do Estado.

Por certo, como podemos observar, o *status* constitucional do Ministério Público francês está bem longe do que pode ser observado na Constituição Federal de 1988, quer pela sua subserviência ao governo, quer pela ausência de previsão de independência funcional.

Diferentemente da Constituição francesa, a Constituição portuguesa tem um texto bastante longo e trata de forma detalhada dos Poderes do Estado e dos direitos da pessoa humana.

A Constituição da República Portuguesa possui capítulo e artigo específico, Capítulo IV, art. 219, inciso 4º, para definir as funções e estatuto do Ministério Público: "Os agentes do Ministério Público são magistrados responsáveis, hierarquicamente subordinados, e não podem ser transferidos, suspensos, aposentados ou demitidos senão nos casos previstos na lei".

É digno de nota que a lei poderá prever as hipóteses relacionadas à transferência, suspensão e demissão dos magistrados do Ministério Público, portanto, tal assunto não possui o mesmo *status* constitucional das prerrogativas de inamovibilidade e vitaliciedade previstas no sistema constitucional brasileiro.

Manuel Marchena Gómez[8] (1992, p. 49-57 *apud* KAHMANN, 2004, p. 14) afirma que em Portugal o constitucionalismo contemporâneo igualmente presencia um modelo de Ministério Público vinculado ao governo. Os cinco membros do Conselho Superior do Ministério Público são eleitos pelo Conselho da República.

O mencionado autor espanhol sustenta sua afirmação com base na Lei Maior Portuguesa, de 1976, que declara, em seu artigo 219.1, primeira parte: "ao Ministério Público compete representar o Estado e defender os interesses que a lei determinar".

O vínculo com o Executivo resta ainda evidente no parágrafo 4º do artigo 23 da Lei Orgânica do Ministério Público português, que prevê: "o mandato dos membros designados pelo Ministro da Justiça caduca com a tomada de posse de novo ministro, devendo este confirmá-los ou proceder a nova designação". O artigo 29 da mesma lei estabelece que "o Ministro da Justiça comparece às reuniões do Conselho Superior do

---

[8] MARCHENA GOMEZ, Manuel. *El Ministerio Fiscal: supasado y su futuro*. Madrid: Marcial Pons, 1992.

Ministério Público quando entender oportuno, para fazer comunicações e solicitar ou prestar esclarecimentos".

Paralela à instituição Ministério Público, há a instituição do Provedor de Justiça que tem o objetivo de implementar o Estado de Direito democrático, interagindo com a comunidade. O Ministério Público e o Provedor de Justiça são figuras completamente distintas, possuindo o primeiro atribuições mais conservadoras e condizentes com a persecução penal e a defesa dos interesses do Estado; e o segundo, uma atuação pautada na defesa dos interesses da sociedade e dos contribuintes.

Já a Constituição alemã (*Grundgesetz für die Bundesrepublik Deutschland*) não trata específica e detalhadamente sobre o Ministério Público em seu texto, preocupa-se em disciplinar a organização geral do Estado e estabelecer os direitos dos cidadãos.

O Ministério Público (*Staatsanwaltschaft*) é um órgão independente da jurisdição penal, estruturado da mesma forma que os tribunais. É responsável por conduzir investigações preliminares, apresentar o caso em seu nome nos processos penais e na execução de penas. Salvo legislação em contrário, ele é igualmente responsável por conduzir acusações por infrações administrativas (E-Justice Europa, 2013).

A forma de seleção entre magistrados e membros do Ministério Público é única, a qual se dá por meio de concurso e permanência em curso de formação. Ao final, escolhe-se a carreira. Porém, a forma de exercício varia conforme o estado. Nos estados do sul, existe a possibilidade de ser ao mesmo tempo magistrado em uma comarca e membro do Ministério Público em outra, desde que em expedientes diversos, nos estados do norte não há essa possibilidade. No entanto, guarda-se paridade de garantias entre os membros judiciais e ministeriais.

Devido ao sistema federal da Alemanha, há necessidade de distinguir as competências da federação e as competências dos *Länder* (E-Justice Europa, 2013).

O procurador-geral do Tribunal Federal de Justiça (*Generalbundesanwalt beim Bundesgerichtshof*) é o órgão superior máximo do Ministério Público no âmbito da segurança nacional da Alemanha. O procurador-geral atua na qualidade de advogado de acusação em todos os processos de crimes graves cometidos contra o Estado que comprometam significativamente a segurança interna ou externa da República Federal da Alemanha. O procurador-geral federal dirige o Ministério Público no Tribunal Federal de Justiça e supervisiona todas as categorias de magistrados do Ministério Público Federal.

Já a acusação de todos os outros processos (crimes de direito comum) é feita pelos Ministérios Públicos dos *Länder (*Ministério Público do Estado). O procurador-geral federal e os Ministérios Públicos dos *Länder* são distintos e independentes e atuam em níveis próprios. Não existe ligação hierárquica entre os dois. Os serviços do *Staatsanwaltschaft* estão organizados hierarquicamente. Consequentemente, os funcionários dos serviços do Ministério Público devem seguir as instruções de seus superiores hierárquicos, não há independência funcional.

Por sua vez, a atividade do procurador-geral federal é supervisionada pelo ministro federal da Justiça. Na Alemanha, tão estreita é a conexão do Ministério Público com o governo, que Manuel Marchena Gómez (2004, p. 58 *apud* KAHMANN, 2004, p. 14) chega a declarar: "A onipresença do Ministério Público alemão no processo penal, considerada sua dependência governamental, só é compreensível com base na mais absoluta confiança jurídica-política naquela instituição".

A lei alemã reconhece, inclusive, a legitimidade de motivações políticas para propor a ação pública. O que explica a faculdade conferida ao Ministério Público Federal de se abster e desistir de ações ou de arquivar processos nos quais a persecução de certos ilícitos pode provocar grave desvantagem para a comunidade alemã ou que pode interferir em interesses públicos superiores.

No âmbito da tradição da *commom law*, o principal modelo de Ministério Público ligado ao Poder Executivo é o dos Estados Unidos da América, onde a instituição é denominada o "braço executivo do governo".

Cada estado é livre para criar a sua própria Constituição, podendo alterá-la nos limites da Constituição Federal, tendo apenas que respeitar a forma republicana. Por causa dessa descentralização, o Ministério Público norte-americano possui muitas peculiaridades.

Nos Estados Unidos, existem duas instituições distintas, uma ligada ao Poder Executivo Federal e outra ao Poder Executivo Estadual. Examinando a primeira, verifica-se que o chefe da carreira exerce um cargo de confiança, é indicado pelo presidente e aprovado pelo Senado Federal, possui mandato de quatro anos e pode ser demitido por decisão exclusiva do presidente.

O *U.S. Attorney General*, chefe da instituição, é responsável pelo Departamento de Justiça. Esse, por sua vez, é chefiado pelo secretário de Justiça, subordinado diretamente ao presidente. O *U.S. Attorney General* pode, a seu critério, indicar qualquer promotor para atuar em um caso, visto não existir o princípio do promotor natural, apesar de haver uma divisão por distritos (KERCHE, 2002 *apud* SACCO, 2007, p. 113).

Na verdade, o *U.S. Attorney General* representa o governo em questões civis e criminais e é responsável pela fiscalização da aplicação das leis federais, especialmente as criminais, possuindo alto grau de discricionariedade para exercer tal mister. Seus subordinados, os *U.S. Attorneys*, ocupam cargos de confiança podendo ser demitidos *ad nutum*. É uma instituição presa a um paradigma derivado da figura do *Attorney General*, da pré-revolução americana, que atua na defesa dos interesses do Estado (KERCHE, 2002 *apud* SACCO, 2007, p. 113).

No que diz respeito ao órgão análogo ao Ministério Público Estadual, a situação muda radicalmente. Os chamados *District Attorneys* ou *County Attorneys* são responsáveis pela acusação penal na justiça dos distritos e dos estados norte-americanos e podem ser dotados também de funções extrapenais, dependendo do estado. O *Attorney General*, que é o responsável direto pelas ações dos *District Attorneys*, é eleito, salvo raras exceções, diretamente pelos cidadãos (SACCO, 2007, p. 104).

No modelo americano, o sistema judicial criminal é obviamente político, já que o governo é responsável por manter a ordem e estabelecer a "regra do jogo". Não existe um estatuto funcional do promotor de justiça que estabeleça garantias e prerrogativas para a carreira.

Os sistemas acima comentados que incluem o Ministério Público na estrutura e sob a responsabilidade do Poder Executivo vêm recebendo consideráveis críticas da doutrina. Há o entendimento de que são incompatíveis com o Estado Democrático de Direito.

Nesse sentido, Cádido Conde-Pumpido Ferreiro[9] (1999, p. 22 *apud* KAHMANN, 2004, p. 16) alega que não pode restar nas mãos de órgãos do governo a determinação da atividade judicial de persecução criminal. O mencionado doutrinador alerta que o Poder Executivo, com sua tendência expansiva, pode se apoderar da instituição para completar o seu domínio sobre o Poder Judiciário.

De fato, a aproximação demasiada do *parquet* com um determinado Poder não é saudável para o sistema democrático e para a segurança jurídica da sociedade, pois a instituição pode ser utilizada como um instrumento para atender os seus interesses políticos que não necessariamente coincidem com os interesses públicos, como ocorre no direito americano.

Por outro lado, na Alemanha, a subordinação do Ministério Público ao governo ocorre de maneira mais equilibrada. Os promotores

---

[9] CONDE-PUMPIDO FERREIRO, Cándido. *El Ministerio Fiscal*. Elcano-Navarra: Arazandi, 1999.

gozam de garantias, passam por processo de seleção e provas e não são demissíveis *ad nutum*, mas, no entanto, ainda estão sujeitos a certas diretrizes do Poder Executivo.

No Brasil, apesar de o Ministério Público ser independente, temos a impressão de que, em algumas ocasiões, que serão tratadas no próximo capítulo, os promotores não agem pensando no interesse público propriamente dito, mas no destaque da instituição e na notoriedade que determinados atos podem trazer para si, como pessoas e profissionais.

Por mais que não concordemos com a submissão do *parquet* às diretrizes de um dos Poderes do Estado, isso não quer dizer que entendemos que o órgão não deva sofrer qualquer tipo de controle. Como visto, nos países mais desenvolvidos, ele está, em maior ou menor grau, sujeito às regras do Poder Executivo. Não há a independência administrativa, orçamentária e funcional prevista no Brasil.

Além disso, cabe ressaltar que nesses países não há um capítulo destinado exclusivamente ao Ministério Público, na maioria, ele não é sequer citado na Carta, cabendo à legislação ordinária tratar do assunto.

Isso também nos faz questionar se havia a necessidade de incluir todas as garantias e prorrogativas da instituição na nossa Constituição Federal, ou se, como já apontamos, isso foi feito no calor e na ânsia de inovação que envolvia o clima político e social da Constituinte de 1987-1988.

Quanto à ligação do órgão com o Poder Legislativo, historicamente, poucos foram os países que adotaram esse modelo, embora seja o que conceda maior grau de legitimidade democrática à instituição, tendo em vista o desempenho da função de representante da sociedade (KAHMANN, 2004, p. 16).

O mais expressivo exemplo desse sistema foi a concepção de Ministério Público assumida pelos chamados países do "socialismo real". A *Prokuratura* teve origem na antiga União das Repúblicas Socialistas Soviéticas (URSS) e acabou se espalhando por outros ordenamentos jurídicos que se constituíram sob a sua órbita de influência (KAHMANN, 2004, p. 16).

O padrão da *Prokuratura* soviética correspondia a um modelo de Estado, cujo funcionamento era determinado por leis e características da cosmovisão marxista-leninista de mundo, assumindo como principal tarefa a defesa da propriedade socialista e os fundamentos econômicos da ditadura do proletariado.

Na Constituição da URSS de 1977 havia um artigo, dentro do Título VII, que se referia genericamente à justiça, à arbitragem e à supervisão fiscal, que previa a nomeação do procurador-geral pelo *Soviet*

Supremo, que consequentemente escolheria, por designação, os demais procuradores para um mandato de cinco anos.

A organização positiva de Cuba parece ser a única que ainda mantém o modelo tal como importado dos soviéticos, após a Revolução de 1959 (MARTINEZ DALMAU, 1992, p. 97 *apud* KAHMANN, 2004, p. 18). A Constituição cubana de 1976, ainda vigente, em seu artigo 128, primeira parte, determina: "O Ministério Público Geral da República constitui uma sociedade orgânica subordinada unicamente à Assembleia Nacional do Poder Popular e ao Conselho de Estado".

De toda a forma, ainda que a ideia de um Ministério Público vinculado ao Poder Legislativo resulte muito atrativa, o fato é que o sistema soviético não é o que se pode chamar de um exemplo a ser seguido, já que entre ele regia o princípio de concentração de poderes a serviço de um partido único, em favor do qual se delineava o funcionamento do Legislativo, favorecendo sempre as verdadeiras instâncias executivas (KAHMANN, 2004).

Porém, o processo de democratização dos países do antigo bloco socialista gerou novos contornos para a instituição do Ministério Público, criando modelos muito interessantes para o constitucionalismo contemporâneo. A Lei Maior da Federação Russa, votada em *referendum* em 12 de dezembro de 1993, por exemplo, conserva as principais características da *Prokuratura,* especialmente com relação à eleição do procurador-geral por parte do Legislativo (MARTINEZ DALMAU, 1992, p. 95 *apud* KAHMANN, 2004, p. 18).

Outros países considerados desenvolvidos incluem o Ministério Público dentro das disposições constitucionais destinadas ao Poder Judiciário. No entanto, isso não significa que o órgão seja a este dependente. Analisando a legislação infraconstitucional, percebemos que a instituição assume um caráter próximo à independência e à autonomia que conhecemos.

Esse é o caso da Constituição Espanhola de 1978, que inclui o Ministério Público dentro do Título VI, denominado "Do Poder Judicial". O seu art. 127 determina que: "Os juízes e magistrados assim como os membros do Ministério Público, enquanto se achem na ativa, não poderão desempenhar outros cargos públicos, nem pertencer a partidos políticos ou sindicatos. A lei estabelecerá o sistema e as modalidades de associação profissional dos juízes, magistrados e membros do Ministério Público. A lei estabelecerá o regime de incompatibilidades dos membros do poder judicial, que deverá assegurar a total independência dos mesmos". (KAHMANN, 2004, p. 19, tradução nossa).

A leitura do mencionado artigo, associada à inclusão do Ministério Fiscal dentro do capítulo constitucional destinado ao Poder Judiciário, conduziria o intérprete a concluir que aquele estaria vinculado a este. Todavia, a maioria da doutrina alega que o Ministério Público espanhol é parte integrante do Poder Executivo, desde suas origens (HUERTAS CONTRERAS,[10] 1995 *apud* KAHMANN, 2004).

Sobre o evento, Alexandre de Moraes (2001, p. 487) explica que a inclusão do Ministério Fiscal no título dedicado ao Poder Judiciário, e não no Título IV, dedicado ao governo e à administração, reflete uma opção do constituinte espanhol de 1978, "pela nota de juridicidade, democratização e jurisdicionalização do Ministério Público".

De qualquer forma, o que mais interessa para o presente trabalho é entender o grau de autonomia que a instituição espanhola goza. A nomeação de seus membros é precedida de concurso público e, assim como no Brasil, o Ministério Fiscal é guiado pelos princípios da unidade, legalidade e imparcialidade.

Ocorre que, diferentemente da nossa legislação pátria, o órgão espanhol também está sujeito ao princípio da dependência. O procurador-geral e os chefes de cada órgão, pelos cargos que ocupam, têm o poder de dispensar ordens e instruções necessárias aos seus subordinados, podendo essas serem de caráter específico ou geral.

Nota-se que o princípio da dependência na Espanha é um ponto de partida interessante para o controle da atuação do órgão, que não está sujeito à vontade e ao temperamento de cada membro.

No entanto, foi na Itália que a inclusão do *Pubblico Ministero* dentro dos quadros do Poder Judiciário consolidou o exemplo emblemático de Ministério Público-Juiz. A doutrina justifica esse evento com base na desconfiança que nutria o Poder Executivo após a queda do regime fascista. Conforme Luis María Díez-Picazo[11] (2000, p. 126 *apud* KAHMANN, 2004, p. 21), a intenção de unificar o Ministério Público ao Poder Judiciário buscava, antes de tudo, privar os futuros governos da disponibilidade sobre a ação penal.

Assim, não é acidental a inclusão do Ministério Público no Título IV, que, genericamente, regula a magistratura, pois os membros do Ministério Público, de acordo com o texto constitucional italiano, são magistrados. É o que diz especificamente o art. 107 da Constituição

---

[10] HUERTAS CONTRERAS, Marcelo. *El Poder Judicial en la Constitución Española*. Granada: Serviciode Publicaciones de l aUniversidad de Granada, 1995. pp. 39-41.

[11] DÍEZ-PICAZO, Luis María. *El poder de acusar:* Ministerio Fiscal y constitucionalismo. Barcelona: Ariel Derecho, 2000, p. 126.

Italiana de 1947: "Os magistrados se distinguem entre eles somente pela diversidade de funções. O Ministério Público goza das garantias estabelecidas nas suas considerações das normas sobre o ordenamento judiciário" (KAHMANN, 2004, p. 21, tradução nossa).

Nesses termos, os órgãos judiciais italianos dividem-se em órgãos julgadores e inquisitivos, traçando um interessante modelo para o constitucionalismo contemporâneo. A unificação do Ministério Público com o Poder Judiciário conduz a possibilidade de o agente transpassar da função de juiz para a de promotor de justiça. Esse evento é facilitado pela unidade da carreira e é comum que, no decorrer de suas vidas profissionais, alguns magistrados italianos ocupem, sucessivamente, cargos em atividades julgadoras e cargos em atividades inquisitivas.

A inclusão do *Pubblico Ministero* na esfera judicial foi sancionada pelo Tribunal Constitucional italiano, que descreveu a natureza da figura do promotor de justiça como a de um magistrado pertencente ao Poder Judiciário, mas em posição de independência institucional a qualquer outro Poder.

Por isso, Cándido Conde-Pumpido Ferreiro (1999, p. 27 *apud* KAHMANN, 2004, p. 21) advoga que mais acertado seria mencionar o Ministério Público italiano como um órgão independente. Não há a sua "judicialização", pois isso afetaria a plenitude de sua atuação e comprometeria a estrutura própria do Estado Democrático de Direito, que não pode conceber que o órgão acusatório esteja integrado ao órgão julgador.

Não obstante, para o mencionado jurista espanhol, o exemplo emblemático de Ministério Público independente seria o modelo brasileiro. Nota-se, pois, que o ordenamento jurídico pátrio não seguiu a tendência de outras Constituições que incluem o Ministério Público dentro da esfera de um dos três Poderes. Tal disposição fez com que os mais entusiasmados chegassem a considerar o nosso Ministério Público como um quarto Poder, como, por exemplo, defende Celso Jerônimo de Souza[12] (2001, *apud* KAHMANN, 2004, p. 23):

> Com o advento da atual Carta de Princípios, promulgada em 5 de outubro de 1988, o Ministério Público, antes integrante do Poder Executivo, ganhou *status* de quarto poder, por mais que isso incomode alguns, alargando-lhe, sobremaneira, a sua missão institucional. [...] Daí por que concluem abalizadas correntes doutrinárias que, se Montesquieu

---

[12] Celso Jerônimo de. A atuação do Ministério Público na sociedade de fato. *Revista da Escola Superior do Ministério Público do Distrito Federal e Territórios*, Brasília, n. 17, p. 43-51, jan./jun. 2001.

escrevesse hoje o seu *Espírito das Leis*, sustentaria que o Estado se conduz por meio de *quatro* poderes harmônicos e independentes entre si: Legislativo, Executivo, Judiciário e Ministério Público.

De forma diversa, o professor José Afonso da Silva (1998, p. 582) considera o Ministério Público como um órgão "(...) ontologicamente de natureza executiva, sendo, pois, uma instituição vinculada ao Poder Executivo, funcionalmente independente, cujos membros integram a categoria dos agentes políticos".

Já Hely Lopes Meirelles (2001, p. 71) também entendia que a inclusão dos membros do Ministério Público na categoria dos agentes políticos garante-lhes "plena liberdade funcional, desempenhando suas atribuições com prerrogativas e responsabilidades próprias, estabelecidas na Constituição e em leis especiais".

Quiroga Lavié[13] (1993 *apud* Alexandre de Moraes, 2001, p. 448) menciona o Ministério Público como um extrapoder, visto que, constituindo-se um órgão com plena autonomia funcional e financeira, não depende de nenhum dos poderes de Estado, não podendo nenhum de seus membros receber instruções vinculantes de nenhuma autoridade pública.

Com efeito, tamanha é a independência funcional do Ministério Público que a Constituição de 1988 considera crime de responsabilidade do presidente da República a prática de atos atentatórios ao livre exercício da instituição. Isso porque, ao contrário do que ocorre em outros países, o *parquet* brasileiro somente se sujeita a hierarquia de ordem administrativa, mas não de ordem funcional.

Independentemente da classificação que a doutrina dê ao Ministério Público, o importante é considerar que a Constituição Federal brasileira foi muito além de outras no direito comparado e destinou uma seção exclusiva para tratar da instituição, além de lhe conceder amplas prerrogativas, incompatíveis com a que seus pares detêm no âmbito internacional.

Percebe-se que em outros ordenamentos o órgão não goza de tal autonomia e independência e está em maior ou menor grau subordinado a um dos Poderes do Estado. O modelo brasileiro é único nesse sentido, é uma inovação, mas também uma experiência, que ainda está sendo observada e analisada. Questionam-se hoje os frutos e as consequências da concessão dessas vastas prerrogativas, como o abuso de poder, que trataremos nos próximos capítulos.

---

[13] LAVIÉ, Quiroga. *Derecho Constitucional*. 3. ed. Buenos Aires: Depalma, 1993.

CAPÍTULO 3

DAS CAUSAS DO ABUSO DE PODER PELO MINISTÉRIO PÚBLICO

Como analisado no primeiro capítulo, o Ministério Público ganhou amplas atribuições e prerrogativas com a promulgação da Constituição Federal de 1988. No entanto, toda essa inovação, apesar de bem intencionada, não nos parece que foi bem planejada, vez que abriu espaços para a atuação abusiva de seus membros.

A forma como a instituição foi prevista e a percepção que a sociedade tem dela permitem que as ações inconsequentes e desproporcionais do Ministério Público, em algumas ocasiões, tenham a aparência de legítimas.

Acreditamos que esse abuso de poder ocorre resumidamente por três razões, sendo elas: (i) a concessão de amplas prerrogativas e competências ao órgão pela lei e pela jurisprudência; (ii) a previsão de poucos limites e instrumentos de controle hierárquicos na atuação do Ministério Público; e (iii) a concepção distorcida de seu papel institucional pela sociedade e por seus membros.

3.1 Das amplas prerrogativas e competências

Quanto ao primeiro ponto, entendeu-se que, para que a instituição pudesse efetivamente exercer suas funções constitucionais, era indispensável a concessão de autonomia funcional aos seus membros e de independência ao órgão.

Segundo Hugo Nigro Mazzilli (2002, p. 464), o Ministério Público não assumiu tecnicamente a posição de um quarto Poder, até porque a divisão tripartite atribuída a Montesquieu é antes uma repartição de atribuições para melhor funcionamento do sistema de freios e contrapesos entre os órgãos originários do Estado, do que propriamente uma divisão científica, pois a soberania estatal em essência é una.

Mas mesmo não o erigindo formalmente a um quarto Poder, a Constituição de 1988 conferiu ao Ministério Público um elevado *status* constitucional, outorgando-lhe todas as garantias de Poder e o fez, pois que, no exercício de suas funções, o Ministério Público monopoliza, de fato e de direito, uma parcela direta da própria soberania estatal (MAZZILLI, 2002, p. 464).

Tal inovação se deu, principalmente, na outorga de independência e autonomia institucional, funcional, administrativa e financeira à instituição e de garantias e prerrogativas aos seus membros.

As garantias e prerrogativas são concedidas pela lei e pela Constituição em casos específicos, a fim de que certas autoridades possam desempenhar adequadamente suas atribuições em proveito do interesse público.

A prerrogativa mais intrigante para o presente trabalho é a independência funcional, prevista no §1º, art. 127, CF, assegurada desde o promotor substituto até o procurador-geral da República.

A independência funcional significa, segundo Eurico de Andrade Azevedo[14] (*apud* MAZZILLI, 1991, p. 53), que os membros do Ministério Público, no desempenho de seus deveres profissionais, não estão subordinados a nenhum órgão ou poder –Executivo, Judiciário ou Legislativo –, submetendo-se apenas à sua consciência e aos limites imperativos da lei.

Disciplinando a previsão constitucional, o art. 43 da Lei Orgânica Nacional do Ministério Público (Lei nº 8.625/93) prevê como dever de seus membros: "acatar, no plano administrativo, as decisões dos órgãos da Administração Superior do Ministério Público", restando claro que não existe hierarquia no âmbito funcional. Esse dispositivo também arrola o dever de "indicar os fundamentos jurídicos de seus pronunciamentos processuais", fundamentos esses extraídos conforme a consciência jurídica do promotor ou procurador, diretamente do ordenamento jurídico, sem intérpretes interpostos que conduzam sua opinião (CAPISTRANO, 2015).

---

[14] Em parecer ofertado por Eurico de Andrade Azevedo sob instâncias da Associação Paulista do Ministério Público.

Carlos Roberto de Castro Jatahy[15] (2009, p. 145 *apud* CAPISTRANO, 2015) assim a define: "a independência funcional preconiza que os membros do *parquet*, no desempenho de suas atividades, não estão subordinados a nenhum órgão ou poder, mas somente à sua consciência, devendo sempre fundamentar suas manifestações processuais". Nesse sentido, vale colacionar as judiciosas considerações do Ministro Celso de Melo em importante julgado do Supremo Tribunal Federal (STF):

> É indisputável que o Ministério Público ostenta, em face do ordenamento constitucional vigente, destacada posição na estrutura do Poder. A independência institucional, que constitui uma de suas mais expressivas prerrogativas, garante-lhe o livre desempenho, em toda a sua plenitude, das atribuições que lhe foram conferidas. (...) No mais, os membros do Ministério Público atuam com absoluta liberdade funcional, só submissos à sua consciência e aos deveres profissionais, pautados pela Constituição e pelas leis regedoras da instituição. Nessa liberdade de atuação no seu ofício é que se expressa a independência funcional. (HC 67759, Relator(a): Min. CELSO DE MELLO, Tribunal Pleno, julgado em 06/08/1992)

Emerson Garcia[16] (2008, p. 114 *apud* CASPITRANO, 2015), ao tratar do vertente princípio, lembra que, como consequência de sua aplicação, tem-se a atenuação da responsabilidade do agente ministerial, que não poderá ser perseguido caso atue nos limites de suas atribuições funcionais:

> De acordo com o princípio da independência funcional, aos membros do Ministério Público são direcionadas duas garantias vitais ao pleno exercício de suas funções: a) podem atuar livremente, somente rendendo obediência à sua consciência e à lei, não estando vinculados às recomendações expedidas pelos órgãos superiores da instituição em matérias relacionadas ao exercício de suas atribuições institucionais; b) não podem ser responsabilizados pelos atos que praticarem no estrito exercício de suas funções, gozando de total independência para exercê-las em busca da consecução dos fins inerentes à atuação ministerial.

---

[15] JATAHY, Carlos Roberto de Castro. *Curso de princípios institucionais do Ministério Público*. 4. ed. Rio de Janeiro: Lumen Juris, 2009.

[16] GARCIA, Emerson. *Ministério Público: Organização, Atribuições e Regime Jurídico*. 3. ed. rev. ampl. e atual. Rio de Janeiro: Lumen Iuris, 2008.

Aprofundando as repercussões da adoção do princípio da independência funcional no ordenamento pátrio, Hugo Mazzili (2007, p. 116) aponta limites à coordenação e à fiscalização do trabalho dos promotores e procuradores:

> Não se pode impor um procedimento funcional a um membro do Ministério Público, senão fazendo recomendação sem caráter normativo ou vinculativo, pois a Constituição e a lei complementar, antes de assegurarem garantias pessoais aos membros do Ministério Público, deram-lhes garantias funcionais, para que possam servir aos interesses da lei, e não aos dos governantes.
>
> Naturalmente, sob o aspecto meramente administrativo, devem os membros do Ministério Público acatar as decisões dos órgãos da administração superior. Assim, por exemplo, a solução de um conflito de atribuições, a revisão de uma promoção de arquivamento de inquérito civil ou de inquérito policial, a imposição de medidas disciplinares – todas essas decisões de caráter administrativo, tomadas com estrita observância da lei, exigem atendimento obrigatório pelos membros do Ministério Público. Mas nenhum procedimento ou manifestação podem impor os órgãos de administração superior no tocante a matérias cuja solução dependa da decisão e da convicção do membro da instituição, garantido por irrestrita independência funcional.

Isto é, mesmo os princípios da unidade e da indivisibilidade da instituição, em que o Ministério Público é um órgão único sob a direção de um mesmo chefe, assim analisadas sob o ponto de vista hierárquico, são mitigados pelos princípios da independência e autonomia funcional de cada membro.

Além disso, a Constituição Federal reconheceu aos promotores e aos procuradores as mesmas garantias dos magistrados, tais como a vitaliciedade, a inamovibilidade, a irredutibilidade de vencimentos, o foro por prerrogativa de função e o princípio do promotor natural.

No entanto, a concessão de prerrogativas e competências ao Ministério Público não pararam com a publicação da Constituição Federal. A jurisprudência também tem alargado tais atribuições. Quando instado a se manifestar sobre o tema, o Supremo Tribunal Federal tem, na maioria das vezes, ampliado a sua abrangência em casos concretos, concedendo mais permissivos ao órgão.

Em diversos casos emblemáticos, a Corte, interpretando o texto constitucional de forma extensiva, fortaleceu e enfatizou a independência e autonomia dos membros do Ministério Público em situações fáticas e processuais.

Vejamos o caso, por exemplo, do Recurso Extraordinário com Agravo nº 725.491, em que a Supremo Tribunal Federal estabeleceu, com base na independência funcional prevista na Constituição, que a pretensão de um órgão do Ministério Público não vincula os demais, garantindo-se a legitimidade para recorrer de cada membro.

O Supremo Tribunal Federal também reconheceu, na Reclamação nº 9.327, a legitimidade ativa autônoma do Ministério Público estadual para ajuizar reclamações na corte, sem que se exija a ratificação da inicial pelo procurador-geral da República.

Em duas oportunidades, no Agravo Regimental nº 1.958 e no Agravo Regimental no Recurso Especial nº 1370119/RJ, o Supremo Tribunal Federal também reconheceu que não há ilegalidade na atuação do Ministério Público, que, por um lado, figura como fiscal da lei, expressando-se dentro da independência de suas funções (art. 1º, parágrafo único, da Lei nº 8.625/1993), e, por outro, como réu de ação rescisória ou ator de ação civil pública na mesma lide.

Em relação ao princípio do promotor natural, a corte o mitigou ao entender, no Habeas Corpus nº 92.885, que não há nenhuma afronta ao postulado no pedido de arquivamento dos autos do inquérito policial por um promotor de justiça e na oferta da denúncia por outro, indicado pelo procurador-geral de Justiça, após o juízo local ter considerado improcedente o pedido de arquivamento.

No mesmo sentido, no Habeas Corpus nº 85.137, o Supremo Tribunal Federal, com base na interpretação da unicidade e indivisibilidade do Ministério Público, decidiu que o ato processual de oferecimento de denúncia realizado em foro incompetente por um membro prescinde, para ser válido e eficaz, de ratificação por outro membro do mesmo grau funcional apenas lotado em foro diverso e competente.

De forma diversa, reconhecendo a validade do postulado do promotor natural, a Corte limitou a autoridade da chefia do procurador-geral de Justiça, exaltando a independência funcional dos membros do Ministério Público. No Habeas Corpus nº 67.759 e Habeas Corpus nº 103.038, o procurador-geral de Justiça do Rio de Janeiro editou portaria designando promotor diverso para acompanhar inquérito penal, e o Supremo Tribunal Federal entendeu que:

> No caso que o postulado do promotor natural repele, a partir da vedação de designações casuísticas efetuadas pela chefia da instituição, a figura do acusador de exceção. (...) A matriz constitucional desse princípio assenta-se nas cláusulas da independência funcional e da

inamovibilidade dos membros da instituição. O postulado do promotor natural limita, por isso mesmo, o poder do procurador-geral que, embora expressão visível da unidade institucional, não deve exercer a chefia do Ministério Público de modo hegemônico e incontrastável.

Acrescente-se que não foi somente no campo das prerrogativas e das garantias que a Constituição Federal inovou ao tratar do Ministério Público. A Carta também alargou o campo de atuação da instituição, que passou a ser responsável pela defesa da ordem jurídica, do regime democrático e dos interesses sociais e individuais indisponíveis entre outros.

Ocorre que, da mesma forma, a jurisprudência não tem somente privilegiado o Ministério Público no âmbito de suas prerrogativas, mas também tem expandido suas competências. Podemos, nesse sentido, citar o caso paradigma do Supremo Tribunal Federal que reconheceu poderes penais investigatórios ao órgão.

No Recuso Extraordinário nº 593.727/MG recebido com repercussão geral, o plenário reconheceu o poder de investigação do Ministério Público, por autoridade própria e em prazo razoável, desde que respeitados os direitos e garantias que assistem a qualquer indiciado ou a qualquer pessoa sob investigação do Estado e observadas, sempre, por seus agentes, as hipóteses de reserva constitucional de jurisdição e, também, as prerrogativas profissionais dos advogados, sem prejuízo do controle jurisdicional dos atos praticados pelos membros da instituição.

Interessante ilustrar nesse ponto como a ampliação dessa competência repercutiu na prática. O Ministro Gilmar Mendes do Supremo Tribunal Federal, um dos maiores críticos atuais na mídia da atuação inconsequente do Ministério Público, foi, na ocasião, delator do processo e afirmou ser legítimo o poder de investigação da instituição, desde que exercido com limites e controle.

Ao que parece, hoje, lamentando o resultado dessa decisão, o Ministro admite sua vontade de provocar a rediscussão no plenário sobre os limites do poder investigatório do Ministério Público, após alegar que há mais de mil Procedimentos Investigatórios Criminais (PICs) abertos pela Procuradoria-Geral da República de forma autônoma e vê no expediente um caso de abuso de autoridades por parte do Ministério Público Federal (O ESTADO DE S. PAULO, 2017e).

O Procedimento Investigatório Criminal (PIC), regulado pelas Resoluções nºs 181/2017 e 183/2018 do Conselho Nacional do Ministério Público (CNMP), é um instrumento sumário e desburocratizado de natureza administrativa e investigatória, instaurado e presidido pelo membro do Ministério Público com atribuição criminal, com a finalidade apurar a ocorrência de infrações penais de iniciativa pública, servindo como preparação e embasamento para o juízo de propositura, ou não, da respectiva ação penal.

O PIC é, em outras palavras, uma alternativa à instauração do inquérito policial, é uma forma de investigação em que o membro do Ministério Público conduz sozinho, sem o auxílio e a colaboração da Polícia Civil ou da Polícia Federal.

Outra discussão levantada na época do julgamento e que se concretizou na prática foi a de que a função investigatória da polícia seria desprestigiada com o reconhecimento do poder de investigação penal do Ministério Público.

Em entrevista concedida ao *Estado de São Paulo*, o delegado Marcio Adriano Anselmo, responsável por iniciar as investigações da Operação Lava Jato em Curitiba, afirmou que o antigo procurador-geral da República, Rodrigo Janot, "tentou reduzir a capacidade da Polícia Federal nas investigações criminais para se autoafirmar investigador". O mesmo pediu para sair da equipe em 2016, após o procurador-geral exigir que a polícia fosse excluída das negociações da maior delação na investigação da Petrobras (ESTADO DE S. PAULO, 2017a).

Carlos Eduardo Sobral, presidente da Associação Nacional dos Delegados da Polícia Federal (ADPF), em entrevista, também lamenta a posição do procurador-geral da República de tentar afastar a Polícia Federal dos meios de obtenção de provas e de impedir a capacidade do delegado de conduzir o inquérito policial, transformando a instituição em um mero braço operacional do Ministério Público (O ESTADO DE S. PAULO, 2017h).

O presidente da ADPF também afirma que foi um erro técnico dos procuradores não terem levado o material apresentado à análise oficial logo que receberem o áudio gravado pelo delator Joesley Batista, do grupo da JBS, que envolvia o presidente da República na operação Lava Jato, pois faltava ao órgão conhecimento de procedimento técnico da investigação criminal.

Essas críticas são somente uma pequena demonstração das consequências que a ampliação de poderes, competências e prerrogativas do Ministério Público, tanto pela Constituição, como pela jurisprudência, têm gerado no meio jurídico e político. As amplas garantias e prerrogativas permitem que o órgão aja da maneira que bem entender, sem se deparar com limites e controles.

3.2 Dos instrumentos de controle (*accountability*)

No que tange ao controle e aos limites impostos à instituição como uma das causas do abuso de poder, oportuno analisar a independência do Ministério Público brasileiro e o sistema de *accountability* onde está inserido.

Natália Maria Leitão de Melo (2010) examina variáveis fatoriais do órgão em comparação com outras instituições que exercem essa função em âmbito internacional, como: (i) se o Executivo tem poderes para dar instruções ao Ministério Público (ordens externas); (ii) se o chefe da carreira pode dar instruções aos membros (ordens internas); (iii) se pode haver a substituição de um procurador por outro em caso específico; (iv) qual órgão que indica o chefe do Ministério Público; (v) a destituição do chefe do Ministério Público; (vi) a transferência dos membros para outro cargo contra a sua vontade; e (v) a transferência dos membros para outra localidade também contra a sua vontade.

Da análise, forma-se o seguinte gráfico,[17] que compara a independência dos membros e da instituição do Ministério Público em diversos países:

Gráfico 1 – Independência dos membros e independência da instituição

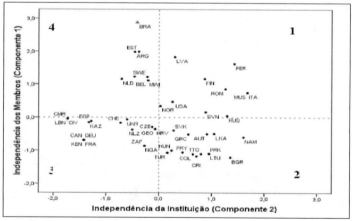

Fonte: MELO, 2010, p. 48.

---

[17] Cf. a análise de variáveis retiradas do trabalho de VOIGT, S.; AAKEN, A. e FELD, L. P. (2008), "Power over Prosecutors Corrupts Politicians: Cross Country Evidence Using a New Indicator". Disponível em: http://law.haifa.ac.il/eale/site/WorkingPapers/Binder%20WP%20008.pdf. Acesso em: 22 out. 2008; VOIGT, S.; AAKEN, A. e FELD, L. P. (2010). Do Independent Prosecutors Deter Political Corruption? An Empirical Evaluation Across Seventy-eight Countries. *American Law an Economics Review*, March, 21: 1-41 *apud* MELO, *op. cit.*, p. 48.

Anexo do gráfico Independência dos Membros e Independência da Instituição

País	Abreviação	País	Abreviação	País	Abreviação
África do Sul	ZAF	Eslovênia	SVN	Nigéria	NGA
Alemanha	DEU	Espanha	ESP	Noruega	NOR
Argentina	ARG	Estados Unidos	USA	Nova Zelândia	NLZ
Áustria	AUT	Estônia	EST	Países Baixos	NLD
Bélgica	BEL	Finlândia	FIN	Paraguai	PRY
Brasil	BRA	França	FRA	Peru	PER
Bulgária	BGR	Geórgia	GEO	Quênia	KEN
Camarões	CMR	Grécia	GRC	República Tcheca	CZE
Canadá	CAN	Hungria	HUN	Romênia	ROM
Cazaquistão	KAZ	Ilhas Maurícias	MUS	Rússia	RUS
Colômbia	COL	Itália	ITA	Sri Lanka	LKA
Coréia do Norte	PRK	Letônia	LVA	Suécia	SWE
Costa do Marfim	CIV	Líbano	LBN	Suíça	CHE
Costa Rica	CRI	Lituânia	LTU	Trinidad e Tobago	TTO
Croácia	HRV	Malawi	MWI	Turquia	TUR
Dinamarca	DNK	Namíbia	NAM	Ucrânia	UKR
Eslováquia	SVK				

Fonte: MELO, 2010.

Percebe-se que o Brasil, indicado no canto superior esquerdo, é o país que concede o maior grau de independências aos seus membros. Pelas considerações da autora, também se depreende que, formalmente, o *parquet* brasileiro não segue diretrizes ou instruções de outros órgãos ou poderes do Estado, indicando uma pequena possibilidade de influência externa na sua atuação.

Isso porque nos pontos considerados na pesquisa, temos: (i) se os promotores e procuradores devem seguir uma linha institucional adotada pelo chefe do Ministério Público; (ii) se existem regras para que os membros do Ministério Público sejam demitidos; (iii) se existem critérios para que um membro do Ministério Público seja promovido; (iv) se os promotores e procuradores podem ser removidos de cargo, função ou comarca contra a sua vontade; e (v) se existem regras para distribuição dos casos para promotores e procuradores específicos; todas as repostas foram negativas para o caso brasileiro, o que evidencia o alto nível de independência funcional de seus membros.

Em relação à independência da instituição, no caso do Ministério Público da União, o procurador-geral da República tem mandato fixo de dois anos e é nomeado pelo presidente da República, entre os membros de carreira com mais de trinta e cinco anos, após ter o nome aprovado pela maioria dos parlamentares no Senado Federal. Sendo assim, pelos critérios estabelecidos, o Ministério Público da União teria baixa independência, já que o seu chefe tem mandato por tempo fixo (não é vitalício) e a indicação se dá pelo chefe do Executivo (de forma política) (MELO, 2010, p. 53).

No entanto, Fábio José Kerche Nunes (2003) lembra que existem dois interesses a serem considerados na escolha do procurador-geral da República, o do presidente da República e o do Senado Federal, que nem sempre serão convergentes. Nesse caso, o procurador-geral não é obrigado a "agradar" nenhum dos dois Poderes, o que enfraquece o mecanismo de controle e torna o Ministério Público mais independente.

O estudo concluiu que no que se refere à independência dos membros do Ministério Público, estes estão protegidos de influências externas de várias formas, seja pela maneira como se dá a promoção e a remoção na carreira, seja pela previsão da prerrogativa de independência funcional. Já no que se refere ao Ministério Público enquanto instituição, observa-se que, embora tenha autonomia funcional e seja desvinculado constitucionalmente de outros Poderes do Estado, outras variáveis, tais como a forma de indicação e destituição do seu chefe, acabam influenciando negativamente a sua independência (MELO, 2010, p. 66).

Ainda em seu trabalho, Natália Maria Leitão de Melo (2010, p. 75) aponta que o Ministério Público se encaixa na rede de *accountability*, por ser uma agência capaz de supervisionar e sancionar outros atores estatais e ser reciprocamente supervisionada. Mas há um dilema em relação a quem controla o *parquet*.

Esse controle é ainda mais importante quando a agência responsável pela *accountability* não é eleita pelo povo. Segundo Fábio José Kerche Nunes (2003, p. 57), "a necessidade de controle para a teoria democrática não se restringe somente aos políticos eleitos, mas deve estender-se a todos os atores estatais que detêm algum grau de discricionariedade", como é o caso do Ministério Público.

Existem alguns mecanismos de *accountability* sobre o Ministério Público, mas tais mecanismos são insuficientes, pois não garantem a devida fiscalização e punição aos seus membros.

O Ministério Público é controlado externamente por outros Poderes. No âmbito do Legislativo, o Senado Federal é responsável por aprovar a escolha dos membros do CNMP e do procurador-geral da

República e a exoneração deste de ofício, como também é responsável por processar e julgar todos por crime de responsabilidade. O Ministério Público, assim como qualquer instituição, está sujeito à fiscalização financeira e orçamentária do Tribunal de Contas. O presidente da República tem a competência de nomear os membros do CNMP e o procurador-geral da República, bem como destituí-los de ofício, e tem a competência privativa de propor lei que trate da organização da instituição, vedada a edição de medida provisória sobre o assunto. Por conseguinte, compete ao Supremo Tribunal Federal julgar infrações penais comuns do procurador-geral da República e qualquer ação contra o CNMP.

No âmbito do controle interno da instituição, existe o Conselho Nacional do Ministério Público capaz de tornar o Ministério Público *accountable*. É um órgão de natureza administrativa, cuja função é controlar a atuação administrativa e financeira do Ministério Público e o cumprimento dos deveres funcionais de seus membros. É formado por quatorze membros, entre integrantes da carreira, dois juízes, dois advogados e dois cidadãos indicados pelo Legislativo, com mandatos de dois anos, admitida uma recondução.

No entanto, esses mecanismos de controle interno e externo não interferem no cotidiano da organização, vez que estão limitados ao princípio da independência funcional de seus membros. Argumenta-se, até mesmo, que o controle por parte do Judiciário é frágil, já que existem mecanismos que permitem a atuação da instituição sem a sua influência, além do processo civil e penal, como ocorre com os Termos de Ajustamento de Conduta. Soma-se a isso o fato de a resposta do sistema jurídico ser por vezes lenta e os procuradores e promotores poderem se posicionar publicamente sobre casos que atuam (KERCHE, 2010).

Realmente, historicamente, após a promulgação da Constituição de 1988, não há notícias de um controle incisivo dos atos praticados pelo Ministério Público pelo Poder Executivo, Legislativo e Judiciário.

Tal realidade parece estar sendo modificada com a reação dos Poderes frente às grandes operações contra a corrupção no governo federal, que estão tomando a atenção da mídia e da sociedade nos últimos anos, tais como a Operação Lava Jato [18] e Operação Carne Fraca.[19]

---

[18] A Operação Lava Jato é um conjunto de investigações em andamento pela Polícia Federal do Brasil, que cumpriu mais de mil mandados de busca e apreensão, de prisão temporária, de prisão preventiva e de condução coercitiva, visando apurar um esquema de lavagem de dinheiro que movimentou bilhões de reais em propina. A operação teve início em 17 de março de 2014 e conta com 47 fases operacionais, durante as quais mais de cem

Não se sabe se tal ofensiva esconde uma opção política e defensiva ou se realmente busca frear o crescente número de atos abusivos cometidos pelo Ministério Público desde que assumiu tanta prerrogativa e independência. Fato é que neste ano, ineditamente, instaurou-se a Comissão Parlamentar Mista de Inquérito (CPI) para investigar a legitimidade e legalidade dos acordos e delações premiadas entre o grupo JBS e a procuradoria-geral da República.

Ato contínuo, o presidente da República quebrou a tradição iniciada em 2003 de dar preferência ao primeiro colocado da lista tríplice elaborada pela Associação Nacional de Procuradores da República (ANPR) e nomeou a segunda colocada, Raquel Dodge, para o cargo de procurador-geral da República. Já em seu discurso de abertura, a mesma enfatizou que as investigações do Ministério Público devem ser feitas dentro dos marcos legais e que prezará pela harmonia entre os Poderes.

No mesmo sentido, o Poder Judiciário, que não tem o costume de rever as atribuições do Ministério Público em âmbito processual, tem se mostrado mais aberto a exercer esse controle atualmente. Podemos citar, a título de exemplo, a decisão do Tribunal Regional Federal (TRF) da 4ª Região que afirma que o Ministério Público Federal não tem competência nem legitimidade para sozinho fazer acordos de leniência envolvendo atos de improbidade administrativa, vez que é preciso a participação da Advocacia-Geral da União (AGU) e da Controladoria-Geral da União (CGU), pois a instituição não tem poder para dispor do patrimônio público (MOURA; ARAUJO; BULLA, 2017).

Há também poucas ações requerendo a responsabilização dos membros do Ministério Público nos casos em que seus atos atentam

---

pessoas foram presas e condenadas. Investiga crimes de corrupção ativa e passiva, gestão fraudulenta, lavagem de dinheiro, organização criminosa, obstrução da justiça, operação fraudulenta de câmbio e recebimento de vantagem indevida. De acordo com investigações e delações premiadas recebidas pela força-tarefa da Operação Lava Jato, estão envolvidos membros administrativos da empresa estatal petrolífera Petrobras, políticos dos maiores partidos do Brasil, incluindo presidentes da República, presidentes da Câmara dos Deputados e do Senado Federal e governadores de estados, além de empresários de grandes empresas brasileiras.

[19] Operação Carne Fraca é uma operação deflagrada pela Polícia Federal do Brasil, e teve início no dia 17 de março de 2017. Ela foi o estopim para o escândalo, onde apontou que as maiores empresas do ramo – JBS, dona das marcas Seara, Swift, Friboi e Vigor, e a BRF, dona da Sadia e Perdigão – são acusadas de adulterar a carne que vendiam no mercado interno e externo. No total, o escândalo da carne adulterada no Brasil envolve mais de 30 empresas alimentícias do país, acusadas de comercializar carne estragada, mudar a data de vencimento, maquiar o aspecto e usar produtos químicos supostamente cancerígenos para buscar revenda de carne estragada, além de apontar agentes do governo acusados de liberar essas carnes.

contra direitos fundamentais de terceiros. Como é o caso do juiz federal que moveu ação indenizatória contra procurador que ofendeu sua honra, ao comentar de forma distorcida e negativa, em entrevista concedida a jornal local, a sentença dada pelo magistrado.[20] O processo, contudo, foi extinto sem resolução de mérito, por ilegitimidade passiva da pessoa física do réu, tendo em vista a ausência de permissivo processual para responsabilizar diretamente um membro do *parquet*.

É muito discutido na doutrina administrativa a figura do controle interno, decorrente do poder de autotutela da Administração Pública, que é o poder de fiscalização e correção que a Administração exerce sobre a sua própria atuação, sob aspectos de legalidade e mérito, por iniciativa própria ou mediante provocação, podendo anular seus próprios atos, quando eivados de vícios que os tornem ilegais, ou revogá-los, por motivo de conveniência e oportunidade, respeitados os direitos adquiridos, e ressalvada, em todos os casos, a apreciação judicial.[21]

Infelizmente, isso não acontece no Ministério Público. Apesar de o CNMP ter competência para zelar pela observância dos princípios da Administração Pública e apreciar, de ofício ou mediante provocação, a legalidade dos atos administrativos praticados por membros ou órgãos do Ministério Público da União e dos Estados, podendo desconstituí-los, revê-los ou fixar prazo para que adotem as providências necessárias, o órgão não tem o controle funcional da instituição, o que limita o mecanismo de tutela, vez que não pode modificar ou influir nos atos finais dos promotores e procuradores.

Isso é interessante, pois quando a Constituição Federal e a lei outorgaram todas as garantias e competências ao Ministério Público, não foi pensada nem criada uma teoria paralela para tratar e entender os limites de sua atuação e as possíveis formas de controle de seus atos. Tem-se usado a mesma doutrina referente aos atos administrativos praticados pelos Poderes do Estado, o que é um equívoco, pois são institutos diversos, com competências e características distintas.

O Ministério Público no Brasil, diferentemente do respectivo órgão no direito comparado, tem independência funcional, e não há teorias, doutrinas ou precedentes no direito estrangeiro que trate sobre

---

[20] Processo nº 0004813-03.2006.4.02.5001, 6ª Vara Federal Cível de Vitória-ES.

[21] Disposições das Súmulas nº 473, STF: "A Administração pode anular seus próprios atos, quando eivados de vícios que os tornem ilegais, porque deles não se originam direitos; ou revogá-los, por motivo de conveniência ou oportunidade, respeitados os direitos adquiridos, e ressalvada, em todos os casos, a apreciação judicial" e Súmula nº 346, STF: "A Administração Pública pode declarar a nulidade dos seus próprios atos."

regras, procedimentos e limites no uso dessa prerrogativa. O que temos são doutrinas nacionais criadas com a promulgação da Constituição que tentam lidar com essa inovação e que são escritas, na maioria das vezes, por estudiosos que integram a carreira, o que pode conotar tendencioso.

Além disso, analisando o Relatório Anual do Conselho Nacional do Ministério Público sobre as Atividades do Conselho e a Situação do Ministério Público no país no ano de 2016 (CNMP, 2017a), elaborado de acordo com o art. 130-A, §2º, V, da Constituição Federal, percebemos que o controle efetivo do órgão sobre os seus membros foi irrisório.

De acordo com o gráfico retirado do relatório, das 439 reclamações disciplinares recebidas no ano de 2016, somente 52 resultaram em sanções disciplinares aos membros do Ministério Público, sendo no total: 15 suspensões, 7 censuras, 1 demissão, 5 cassações de aposentadorias, 21 advertências, 1 disponibilidade e 2 remoções compulsórias.

Além do baixo número de reclamações que de fato foram apuradas por processo administrativo disciplinar, quase metade resultou em advertências, sanção que tem carga punitiva muito baixa. Em anos anteriores, 2013, 2014 e 2015, o número de punições aplicadas pelo plenário do CNMP foi ainda menor, mesmo com o órgão recebendo anualmente a mesma quantidade de reclamações. Vejamos:

Gráfico 2 – Sanções aplicadas pelo Conselho Nacional do Ministério Público

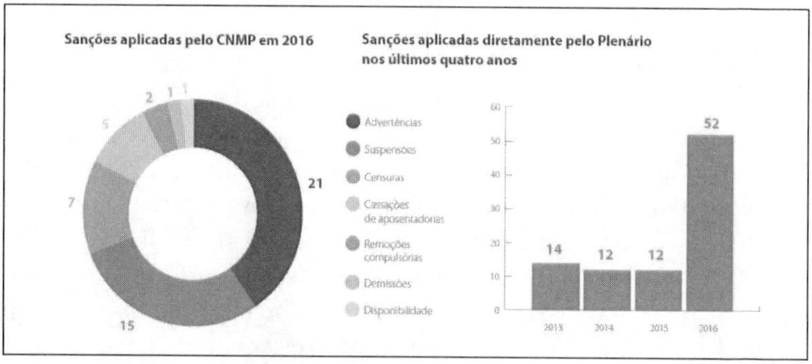

Fonte: CNMP, 2017a.

Em que pese a punição ter aumentado no ano de 2016, ainda consideramos um resultado tímido para afirmar que há de fato um controle disciplinar efetivo na carreira.

Da pequena análise aqui feita, não identificamos, atualmente, mecanismos eficazes e capazes de impor sanções e de controlar possíveis erros cometidos pelos seus membros do Ministério Público, apesar de já percebermos um leve movimento dos Poderes do Estado e da corregedoria da instituição nesse sentido.

3.3 Da concepção e percepção de seu papel institucional no Estado Social de Direito

Como destacado no primeiro capítulo, a intenção do *parquet* na Constituinte de 1987-1988 era a de se transformar em algo similar a figura do *ombudsman*, como um representante legítimo dos interesses do povo. De certa forma, apesar dessa função não ter sido aprovada no texto, a imagem do Ministério Público como ouvidor do cidadão foi desenvolvida após a promulgação da Carta.

Acreditamos que esse sentimento foi fomentado pela propaganda institucional do órgão na sociedade e até mesmo influenciado pela mídia, que sempre citou o seu bom desempenho em processos penais e coletivos sobre assuntos que despertam o interesse do público, como tráfico de drogas, corrupção, preservação ambiental, entre outros.

A mídia está sempre atenta em reservar aos agentes dos Poderes Legislativo e Executivo o papel de vilão em suas manchetes, combatidos pelo Ministério Público, o salvador da pátria. Isso não é falso. De fato, o *parquet* desempenha um trabalho importante e de qualidade. O problema é que somente se publica seus méritos e nunca seus deméritos. Os meios de comunicação culturalmente evitam propagar notícias sobre o mau desempenho da instituição.

Roberto Romano (2017), professor de ética da Universidade Estadual de Campinas (UNICAMP), afirma que a divulgação dessa ideia é um erro político fundamental:

> O Ministério Público não tem esse direito, a Constituição não lhe dá esse direito – nem poderia. Ele tem como função acompanhar o exercício correto dos Três Poderes e da própria sociedade, mas não tem o direito de ditar normas e ditar caminhos para essa sociedade. Isso é usurpação de soberania.
>
> O Ministério Público, muitas vezes, se arroga um poder que não foi conferido pelo voto. O procurador da República Deltan Dellagnol disse recentemente: "Não temos votos, mas temos concurso". Concurso não é o princípio da legitimidade política nenhuma. A pessoa pode ser concursada com brilhantismo, mas o concurso não é sinônimo de soberania.

(...)

Somente quando os três Poderes estão operando juntos, em uma harmonia intensa, é que o resultado será a soberania. O que temos notado é que o Ministério Público tem ido além dessa harmonia tensa. Ele tem caído na tentação de transformar a sua autonomia numa soberania, nessa tutelagem do cidadão.

Mas não é somente a sociedade que acredita nessa ideia, muitos membros da carreira assim se sentem diante de tantas atribuições e prerrogativas. O Centro de Estudos de Segurança e Cidadania (Cesec) da Universidade Cândido Mendes realizou uma pesquisa,[22] em parceria com o Ministério da Justiça e com o Conselho Nacional do Ministério Público, que revelou que por privilegiar algumas áreas em detrimento de outras, a atuação do *parquet* peca por falta de foco e de limites (LEMGRUBER *et al.*, 2016).

A pesquisa aponta que a força do órgão ficou evidenciada em 2013, quando, por pressão das ruas, a Câmara dos Deputados derrubou uma Proposta de Emenda Constitucional que limitava os poderes investigatórios do Ministério Público. Desde então, a instituição ficou exposta a pressões partidárias e deixou-se envolver pelo ativismo político de alguns de seus membros.

A interferência do órgão em questões políticas fica visível às vésperas das eleições presidenciais. Em 2002, por exemplo, alguns procuradores da República usaram suas prerrogativas para desgastar o governo do presidente Fernando Henrique Cardoso (PSDB) e fortalecer a campanha de Lula (PT), candidato da oposição. O mesmo ocorreu em 2018, quando o Conselho Nacional do Ministério Público teve de instaurar três reclamações disciplinares contra promotores que propuseram ações contra os candidatos Geraldo Alckmin (PSDB) e Fernando Haddad (PT) durante o processo eleitoral referente a fatos que ocorreram há quatro, cinco e seis anos atrás (ESTADÃO, 2018).

Em alguns estados, o *parquet* tem tentado – sem ter recebido um único voto – definir prioridades em matéria de orçamento e políticas públicas, intervindo em atos que são de competência de deputados e governadores. Ele também intervém em áreas como patrimônio cultural, previdência, política fundiária, lazer e até trânsito. A pesquisa do

---

[22] Pesquisa realizada pelo Centro de Estudos de Segurança e Cidadania (Cesec) da Universidade Cândido Mendes em parceria com o Ministério da Justiça e o Conselho Nacional do Ministério Público, coordenada por Julita Lemgruber, ex-diretora do sistema prisional do Rio de Janeiro, e Ludmila Ribeiro, do Centro de Estudos de Criminalidade e Segurança da Universidade Federal de Minas Gerais.

Cesec concluiu que o Ministério Público, por enfatizar áreas midiáticas, tendem a deixar de lado outras competências, como a de controlador externo da polícia, o que explica por que temos uma das polícias mais violentas do mundo.

Os promotores e procuradores que aceitaram responder os questionários da pesquisa atribuíram o mau desempenho do Ministério Público a fatores externos ao órgão, como dificuldade de realizar perícias, morosidade da Justiça e deficiências no inquérito policial. Os argumentos são procedentes, mas isso não exime a responsabilidade de uma corporação que, além de carecer de preparo sociológico para entender a sociedade e suas mazelas, se vê acima da classe política e dos dirigentes públicos.

Nesse sentido, Rogério Bastos Arantes[23] (1999, p. 95-96 *apud* LEMGRUBER *et al.*, 2016, p. 49) afirma que:

> A atuação do MP pós-1988 caracterizar-se-ia, ao contrário, por uma postura voluntarista e tutelar, ancorada na velha noção de que a nossa sociedade civil é "hipossuficiente", ou seja, "fraca, desorganizada e incapaz de defender seus direitos fundamentais", e de que as nossas instituições político-representativas são degeneradas, tornando imprescindível a atuação afirmativa de um "poder externo" autônomo e independente, livre de controles, para proteger os direitos dos cidadãos.

A combinação de muitos poderes, pouco controle, bem como o sentimento de defensor da Constituição e da moralidade pública, incentivado pelo órgão e pela mídia e consentido pela sociedade, permitem que o órgão atue como bem entende e, algumas vezes, de forma irresponsável, como bem expõe a matéria "Quebrou-se o Mito" (O ESTADO DE S. PAULO, 2017l):

> A Constituição não confere poderes absolutos ao Ministério Público, mas, da forma como ele está organizado, sem hierarquia funcional, cada membro da instituição torna-se a própria instituição.
>
> (...)
>
> Outro sério problema institucional trazido pela Constituição de 1988 foi o tratamento dado ao Ministério Público, contemplado com uma autonomia que, a rigor, é incompatível com a ordem democrática. Num Estado Democrático de Direito não deve existir poder sem controle,

---

[23] ARANTES, Rogério Bastos. Direito e política: o Ministério Público e a defesa dos direitos coletivos. *Revista Brasileira de Ciências Sociais*, v. 14, n. 39, 1999, p. 83-102. Disponível em: http://www.scielo.br/pdf/%0D/rbcsoc/v14n39/1723.pdf. Acesso: 30 abr. 2016.

interno e externo. Não há poder absoluto. Explicitamente, a Constituição de 1988 não confere poderes absolutos ao Ministério Público, mas, da forma como ele está organizado, sem hierarquia funcional, cada membro da instituição torna-se a própria instituição.

Ao longo dos anos, esse problema foi agravado por dois motivos. Em primeiro lugar, consolidou-se nos tribunais uma interpretação extensiva das competências do Ministério Público. Obedecendo a uma visão unilateral, que olhava apenas para os supostos benefícios de uma atuação "livre" do Ministério Público, permitiu-se que procuradores se imiscuís- sem nos mais variados temas da administração pública, desde a data do vestibular de uma universidade pública até a velocidade das avenidas. Parecia que o Estado nada podia fazer sem uma prévia bênção do Ministério Público.

A segunda causa para o agravamento da distorção foi uma bem sucedida campanha de imagem do Ministério Público, que, ao longo dos anos, conseguiu vincular toda tentativa de reequilíbrio institucional à ideia de mordaça. Qualquer projeto de lei que pudesse afetar interesses corporativos do Ministério Público era tachado, desde seu nascedouro, de perverso conluio contra o interesse público. O resultado é que o País ficou sem possibilidade de reação.

Na prática, a aprovação no concurso público para o Ministério Público conferia a determinados cidadãos um poder não controlado e, por isso mesmo, irresponsável. Nessas condições, não é de assustar o surgimento, em algunsde seus membros, do sentimento de messianismo, como se o seu cargo lhes conferisse a incumbência de salvara sociedade dos mais variados abusos, públicos e privados. Como elemento legitimador dessa cruzada, difundiu-se a ideia de que todos os poderes estavam corrompidos, exceto o Ministério Público, a quem competiria expurgar os males da sociedade brasileira.

Somente recentemente, com a exposição de grandes operações contra a corrupção e com a crise política que o pais vivencia, que o mundo jurídico e os meios de informação estão paulatinamente atentando-se para atuações imotivadas e ilegais do Ministério Público, que já vêm acontecendo há muito tempo em casos de menor repercussão.

Enfim, todo esse cenário permite que os membros do Ministério Público ajam de forma inconsequente e irresponsável em algumas situações, com verdadeiro abuso de poder, como analisaremos no próximo capítulo.

CAPÍTULO 4

DA CONFIGURAÇÃO DO ATO DE ABUSO DE PODER PELO MINISTÉRIO PÚBLICO

Para configurar os atos de abuso de poder pelo Ministério Público, é preciso primeiro entender o que é o abuso de poder. O Estado exerce suas funções por meio dos poderes e das atribuições a ele conferidos pela Constituição Federal para serem usados em benefício da sociedade. O exercício de cada face desse poder possui características e limites insertos no Texto Maior, todos definidos pelo arcabouço de direitos e garantias fundamentais.

Há diferenças entre direitos e garantias, sendo os primeiros no texto da lei fundamental as disposições meramente declaratórias, que são as que imprimem existência legal aos direitos reconhecidos, e sendo as segundas as disposições assecuratórias, que são as que, em defesa dos direitos, limitam o poder (SILVA, 1998, p. 189).

Mohamad Ale Hasan (2014, p. 16) ressalta ainda a distinção entre o regime jurídico administrativo e o privado:

> O regime jurídico administrativo é o conjunto de critérios orientadores da atuação dos agentes públicos, caracterizados pelo binômio prerrogativa-sujeição, distinto, pois, do regime jurídico privado, orientado, sobremaneira, pelo princípio da autonomia privada, no qual a liberdade é a regra, e as partes encontram-se em pé de igualdade.

Nesse sentido, os agentes públicos recebem tratamento constitucional por meio de norma e princípio que lhes fornecem os claros contornos de ação juridicamente permitida, definindo o seu âmbito de atuação, orientando, assim, os cidadãos no exercício de sua liberdade, possibilitando, enfim, a constatação do abuso (MAHMOUD, 2014, p. 24).

O abuso de poder é um vício na atuação pública, é uma incoerência entre a atuação estatal e o interesse público, que lesa os interesses e os deveres da Administração Pública e que pode, ou não, lesar pessoas e direitos fundamentais.

A doutrina administrativa brasileira firma o gênero abuso de poder ou abuso de autoridade em duas modalidades distintas: excesso de poder e desvio de finalidade.

No âmbito do Direito Civil, a figura do abuso de direito prevista no art. 187 do Código Civil também pode configurar abuso de poder.

Em uma concepção mais moderna, o abuso tem um significado amplo e abrangente, não restrito somente à figura que desrespeita as normas impostas e ao direito. Segundo Pierre de Landreville[24] (1998 *apud* ALVARES, 2002, p. 15), há inúmeras formas de se analisar a atuação do abuso de poder em uma coletividade. O abuso de poder pode ser analisado quanto ao alvo perseguido, quanto aos meios empregados e quanto às consequências de seu exercício.

Para analisar o abuso de poder segundo o alvo, os meios e as consequências, ter-se-á que estabelecer como recurso uma norma para delimitar o que não se deve transpor. Essa norma irá delimitar quando o poder se caracteriza injusto, nocivo ou excessivo. Tal norma, não precisa ser somente uma norma legal, pode ser também um costume, um código de ética ou um valor.

Além dos critérios jurídicos e sociais utilizados para dissecar o ato, faz-se necessário utilizar aspectos políticos e institucionais para entender esse fenômeno também como uma atividade política.

Todos esses fatores interessam ao estudo. A configuração do ato de abuso de poder pelo Ministério Público não é uma tarefa fácil. A natureza da instituição, bem como as suas amplas funções e competências dificultam a delimitação objetiva e clara do ato.

Por uma questão organizacional, abordaremos o tema em três tópicos separados: do excesso de poder e do desvio de finalidade, de acordo com a doutrina administrativa, e do abuso de direito, pela ótica do direito civil.

Mas, desde já, ressaltamos que essa divisão é somente para fins ilustrativos e didáticos, uma vez que pela dificuldade relatada, não é

---

[24] LANDREVILLE. Pirre de. Criminalitéet Abus de Pouvoi. Repport Principal do 10º Congresso Internacional de Criminologia. Hamburgo, Alemanha, 1988.

objetivo do estudo delimitar com clareza em qual categoria o ato do *parquet* se enquadra, mas sim atentar o mundo jurídico que tal abuso ocorre e a forma como ocorre.

Demonstraremos que os atos do Ministério Púbico também podem ser abusivos, tanto por omissão, como por comissão, ao afrontarem as finalidades descritas na lei, ao usurparem as competências do gestor público, ao utilizarem de forma indevida e exacerbada suas prerrogativas como forma de coação, ao causarem lesões aos direitos fundamentais e ao descumprirem o ordenamento jurídico e seus princípios.

4.1 Do excesso de poder

Para iniciarmos as considerações sobre o excesso e desvio de poder, é preciso introduzir brevemente os elementos do ato administrativo e seus vícios. A doutrina brasileira não é uniforme a respeito dos requisitos do ato administrativo, divergindo alguns autores na enumeração das condições exigidas para a sua legitimidade. No entanto, os principais elementos estão sempre presentes, independentemente da denominação que lhes é atribuída.

Segundo a professora Maria Sylvia Zanella Di Pietro (2010), ato administrativo é a declaração do Estado ou de quem o represente, que produz efeitos jurídicos imediatos, com observância da lei, sob o regime jurídico de direito público e que se sujeita ao controle pelo Poder Público. O ato deve conter os seguintes elementos ou requisitos: sujeito competente ou competência, forma, finalidade, motivo, objeto ou conteúdo.

Quanto à competência, que aqui nos interessa, essa é entendida como o poder decorrente da lei conferido ao agente administrativo para o desempenho regular de suas atribuições. Somente a lei pode determinar a competência dos agentes na exata medida necessária para alcançar os fins desejados. É elemento obrigatório para órgãos e agentes públicos, intransferível, imodificável pela vontade do agente e imprescritível, já que o não exercício da competência não gera a sua extinção, de acordo com Celso Antônio Bandeira de Mello (2013).

Cada elemento constitutivo do ato administrativo pode apresentar-se íntegro ou não. Se todos os elementos forem íntegros, teremos o ato administrativo perfeito; se um, pelo menos, desses elementos estiver inquinado de defeito, teremos o ato administrativo viciado ou defeituoso, o que pode ocorrer pela inobservância dos preceitos legais, cuja presença se exige para a sua formação. Daí, o aparecimento dos vícios, cada um dos quais relativos a um dos elementos apontados (CRETELLA JUNIOR, 1997, p. 40).

Ilegalidades de várias espécies podem ocorrem sobre diferentes elementos constitutivos do ato administrativo, de acordo com a classificação no esquema a seguir:[25]

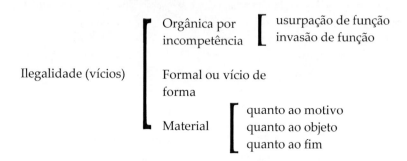

Em relação ao vício orgânico por incompetência, Galba Velloso (2007, p. 15) explica que o excesso de poder ocorre quando a autoridade, embora competente para praticar o ato, vai além do permitido por lei e exorbita, no uso de suas faculdades administrativas, sua competência e, com isso, invalida-o. O excesso de poder torna o ato arbitrário, ilícito e nulo. É uma forma de abuso de poder que retira a legitimidade da conduta do administrador público.

Essa conduta abusiva, por intermédio do excesso de poder, tanto se caracteriza pelo descumprimento frontal da lei, quando a autoridade age claramente além de sua competência, como, também, quando ela contorna dissimuladamente as limitações da lei, para arrogar-se poderes que não lhe são atribuídos legalmente. Em qualquer dos casos há excesso de poder, independentemente se exercido com dolo ou culpa pelo agente.

No entanto, o desvio de poder não é mácula jurídica privativa somente de atos provenientes da Administração Pública. Pode-se apresentar, igualmente, por ocasião do exercício de atividade legislativa ou jurisdicional. Ou seja, leis e decisões judiciais, bem como a prática de atos pelo Ministério Público são igualmente suscetíveis de incorrer no aludido vício, porquanto umas e outras são também emanações das competências públicas, as quais impõem fidelidade às finalidades que as presidem.

---

[25] Imagem retirada de CRETELLA JUNIOR, 1997, p. 213-214, *apud* BONNARD, Roger. *Précis de Droit Administratif*, 1935.

CAPÍTULO 4
DA CONFIGURAÇÃO DO ATO DE ABUSO DE PODER PELO MINISTÉRIO PÚBLICO | 73

A doutrina é consente em categorizar os membros do Ministério Público como agentes políticos, pois estão investidos de atribuições constitucionais e são responsáveis pelo exercício de funções de mais alta complexidade, nos vários âmbitos do poder e em diferentes níveis de governo. De acordo com Nelson Nery Júnior[26] (1988 *apud* MAZZILLI, 1991), os promotores não são funcionários públicos, pois respondem a regime especial, mas são agentes políticos, porque exercem parcela do poder e da soberania do Estado.

Nessa qualidade de agentes públicos, os promotores e procuradores expedem atos no exercício de sua função, devendo esses ter os mesmos elementos discriminados acima e podendo, portanto, incorrer nos mesmos vícios comentados.

No caso do excesso de poder, a dificuldade está em identificar e delimitar se a finalidade evocada pelo membro do Ministério Público em sua atuação está de acordo com as normas constitucionais que prescrevem suas competências.

A Carta de 1988 não apenas atribuiu novas prerrogativas ao órgão, como também de forma expressa alargou sua competência nos arts. 127 e 129.[27] Nessa extensão, a Constituição utilizou-se de normas abertas, com conceitos jurídicos indeterminados, tais como "a defesa da ordem jurídica, do regime democrático e dos interesses sociais e individuais indisponíveis", "pelo efetivo respeito dos Poderes Públicos e dos serviços de relevância pública aos direitos assegurados nesta

---

[26] NERY JUNIOR, Nelson. Os vencimentos das carreiras jurídicas. *Judicium*, São Paulo, ano 1, n. 1, 19 ago. 1988.

[27] "Art. 127. O Ministério Público é instituição permanente, essencial à função jurisdicional do Estado, incumbindo-lhe a defesa da ordem jurídica, do regime democrático e dos interesses sociais e individuais indisponíveis.
Art. 129. São funções institucionais do Ministério Público: I – promover, privativamente, a ação penal pública, na forma da lei; II – zelar pelo efetivo respeito dos Poderes Públicos e dos serviços de relevância pública aos direitos assegurados nesta Constituição, promovendo as medidas necessárias a sua garantia; III – promover o inquérito civil e a ação civil pública, para a proteção do patrimônio público e social, do meio ambiente e de outros interesses difusos e coletivos; IV – promover a ação de inconstitucionalidade ou representação para fins de intervenção da União e dos Estados, nos casos previstos nesta Constituição; V – defender judicialmente os direitos e interesses das populações indígenas; VI – expedir notificações nos procedimentos administrativos de sua competência, requisitando informações e documentos para instruí-los, na forma da lei complementar respectiva; VII – exercer o controle externo da atividade policial, na forma da lei complementar mencionada no artigo anterior; VIII – requisitar diligências investigatórias e a instauração de inquérito policial, indicados os fundamentos jurídicos de suas manifestações processuais; IX – exercer outras funções que lhe forem conferidas, desde que compatíveis com sua finalidade, sendo-lhe vedada a representação judicial e a consultoria jurídica de entidades públicas."

Constituição", "proteção do patrimônio público e social, do meio ambiente e de outros interesses difusos e coletivos".

Veja bem, por um lado, faz bem o texto constitucional em adotar essas palavras de significado amplo e atemporal, para não restringir a atuação do *parquet* e para moldar sua área de atuação de acordo com as situações que surgem. Tais palavras contêm uma enorme carga axiológica, mas são de difícil interpretação objetiva.

A nebulosidade sobre a definição exata das competências do Ministério Público e a dificuldade de delimitá-las e limitá-las com parâmetros objetivos e claros passa a errada ideia de que o órgão é dotado de *superpoderes*, que tudo pode.

Assim como as prerrogativas, o campo de atuação do Ministério Público foi demasiadamente expandido por lei com o tempo, vejamos, por exemplo, o caso dos direitos coletivos. Inicialmente, a Lei nº 7.347/1985 em seu texto original atribuiu ao Ministério Público a competência para propor Ação Civil Pública em proteção somente ao meio ambiente, ao consumidor, a bens de valores artísticos, históricos e paisagísticos.

Com a promulgação da Constituição Federal em 1988, o órgão, além de assumir a competência privativa da ação penal pública, passou a zelar também por interesses sociais e individuais indisponíveis. Tais atribuições foram ampliadas pela Lei nº 8.078/1990, Código de Defesa do Consumidor, que prevê a competência do Ministério Público de defender direitos difusos, coletivos e individuais homogêneos decorrentes de origem comum. O Código de Defesa do Consumidor também inovou ao instituir o instrumento do Termo de Ajustamento de Conduta (TAC), com eficácia de título executivo extrajudicial.

A Lei nº 12.529/2011 autorizou o ajuizamento de ação civil pública por infração à ordem econômica e, mais recentemente, a Lei nº 12.966/2014 estendeu a competência processual do órgão para propor ações em defesa da honra e da dignidade de grupos raciais, étnicos ou religiosos e do patrimônio público e social.

Os atos praticados pelo *parquet* antecedem um pressuposto de fato, e este pressuposto fático ou motivo fático (a causa remota, se em forma processual) apresenta também – sempre – uma finalidade (PALU, 2000).

A dificuldade está em identificar e delimitar se a finalidade evocada pelo membro do Ministério Público em sua atuação está de acordo com as normas constitucionais que prescrevem suas competências.

O inconveniente é que, na prática, pela falta de mecanismo de controle e de parâmetros objetivos e claros da lei, é o próprio membro que acaba por identificar a sua própria competência, de acordo com sua análise pessoal em cada caso concreto.

Em amparo a esses direitos há um mar de situações e áreas que o Ministério Público pode atuar. Se interpretarmos esses termos de forma ampla, o órgão pode intervir em qualquer esfera do Estado e da sociedade.

Isso, do ponto de vista republicano, é positivo, mas apresenta um problema quando é utilizado como pressuposto para intervir nas demais funções do Estado, como comumente ocorre de forma indevida na função administrativa da Administração Pública, usurpando sua competência.

Essa atribulação não ocorre somente pela ampliação das competências do Ministério Público pela legislação, mas também pela falta de definição objetiva de sua função no Estado de Direito.

Em relação às funções do Estado, o constitucionalista José Afonso da Silva (1989, p. 112) explica:

> Cumpre, em primeiro lugar, não confundir distinção de funções do poder com divisão ou separação de poderes, embora entre ambas haja uma conexão necessária. A distinção de funções constitui especialização de tarefas governamentais à vista de sua natureza, sem considerar os órgãos que a exercem; quer dizer que existe sempre distinção de funções, quer haja órgãos especializados para cumprir cada uma delas, quer estejam concentradas num órgão apenas. A divisão [ou separação] de poderes consiste em confiar cada uma das funções governamentais (legislativa, executiva e jurisdicional) a órgãos diferentes, que tomam os nomes das respectivas funções, menos o Judiciário (órgão ou poder Legislativo, órgão ou poder Executivo e órgão ou poder Judiciário). Se as funções forem exercidas por um órgão apenas, tem-se concentração de poderes.

As funções devem ser analisadas considerando o contexto histórico e social da organização constitucional do Estado. As suas distinções e classificações não são unânimes na doutrina, mas podemos destacar, para fins de exemplificação, a do professor Celso Antônio Bandeira de Mello (2013, p. 36-37), que as divide entre: (i) função legislativa, (ii) função jurisdicional, (iii) função administrativa e (iv) função política ou de governo; Marcello Caetano[28] (1978, p. 112 *apud* FERREIRA, 1999), que as agrupa em dois conjuntos: (i) as funções jurídicas, que inclui a função legislativa e executiva, e (ii) funções não jurídicas, que podem

---

[28] CAETANO, Marcello. *Direito Constitucional*. 1978, p. 112

ser divididas em função política e função técnica; e a de Biscarettidi Rufia[29] (1965, p. 166 *apud* FERREIRA, 1999), no direito comparado, que discrimina a função executiva entre a de governo e a de administração. Entre essas teorias, a função e a estrutura do Ministério Público não foi bem delimitada, o que causa discussão e divergência doutrinária sobre a sua natureza.

Quanto à função exercida pelo *parquet,* há diversas correntes que a enquadram nas mais diversas modalidades, como, por exemplo, a de que o órgão exerceria: (i) função executiva, desenvolvendo atividades administrativas específicas – quando pratica atos processuais – e gerais – quando fiscaliza as demais estruturas do Poder (AGUIAR JÚNIOR, 1972, p. 16); (ii) função institucional de defesa da ordem jurídica, da democracia e dos interesses sociais e individuais indisponíveis, com natureza semelhante à exercida pelo Poder Executivo, inclusive em relação aos atos executórios, tais como os procedimentos administrativos e a expedição de notificações e requerimentos; (iii) função administrativa do Estado, com a incumbência de aplicar a lei na busca do bem comum, atividade esta que se centraliza no Poder Executivo (SILVA, 1989, p. 554); e, por fim, (iv) a de que exerceria uma função preponderantemente fiscalizatória, que a difere dos demais órgãos, qual seja, a de defender a sociedade contra os abusos do Poder Público.

O fato é que o caráter ontologicamente similar das funções do Ministério Público e do Poder Executivo causa no plano fático certa conturbação na relação dessas duas entidades.

O Ministério Público age no âmbito judicial e extrajudicial com o propósito de, dentre outros, implementar direitos sociais constitucionais que necessitam de uma 'ação' ou 'prestação' a ser efetivada pelo Poder Público para que possam chegar aos destinatários das normas. Do ponto de vista do funcionamento dos órgãos do Estado, o que o Ministério Público faz em tais ações é chamar o governo a cumprir suas responsabilidades políticas na concretização do pacto constitucional, exercendo um controle externo sobre ele.

Essa dificuldade em delimitar e diferenciar a função e a natureza da atuação do *parquet* e do Poder Executivo, bem como a prática de atos abusivos pelo órgão de controle externo do primeiro em relação ao segundo, conturba e dificulta o desempenho da Administração Pública.

Todas essas considerações são necessárias para explicar como e por que ocorre o excesso de poder do Ministério Público na função

---

[29] DI RUFIA, Biscaretti. *DirittoConstituzionale.* 7. ed. Nápoles, 1965, p. 166.

administrativa do Poder Executivo. A indefinição sobre a natureza da função ministerial, somada às amplas atribuições conferidas pelo ordenamento jurídico ao órgão, faz com que ele usurpe a função administrativa da Administração Pública e a exerça, enquanto atua como o seu controlador externo.

São frequentes as reclamações de agentes públicos (procuradores, secretários, gestores e chefes do Poder Executivo) sobre a ação incisiva e desproporcional do *parquet* na atuação administrativa, seja pela imposição de inquéritos civis e Termo de Ajustamento de Conduta contra seus atos, seja pela propositura de ações civis públicas e de improbidade administrativa quando discorda da implementação de determinadas decisões e da execução de serviços ou obras públicas.

O espaço da discricionariedade administrativa conferido ao gestor público está sendo cada vez mais reduzido, pois, não raramente, os critérios de conveniência e oportunidade são questionados ou impostos pelo *parquet* de acordo com o entendimento pessoal e os valores subjetivos do membro, com excesso de poder.

O Ministério Público tem, nesse sentido, inviabilizado ou tomado para si o exercício da administração pública, fazendo as vezes do administrador. Isso gera um efetivo impasse democrático, pois a sua legitimidade como canal técnico-jurídico barra ou altera a implementação de metas prometidas pelos agentes executivos e legislativos, que foram chanceladas pelo eleitorado por meio de seu voto.

Tais fatos ocorrem quando se utiliza de instrumentos como ações civis públicas ou Termo de Ajustamento de Conduta para alterar ou paralisar a execução de uma obra pública, como a construção de creches, hospitais e rodovias, questionando a motivação dada pelo gestor e os aspectos do planejamento e orçamento, determinando a sua alteração de acordo com a livre convicção do membro, decorrente da prerrogativa da independência funcional.

A interferência na função do gestor público ocorre quando o Ministério Público propõe ações com objetos que fogem a sua esfera de atuação e competência.

Podemos ilustrar o excesso de poder no caso da suspensão temporária, a pedido do Ministério Público de São Paulo, do programa de implantação de ciclovias da capital. Na ação civil pública,[30] a promotora de Habitação e Urbanismo da Capital apontou falta de planejamento na

---

[30] Ação Civil Pública Processo nº 1009441-04.2015.8.26.0053, 5ª Vara de Fazenda Pública – Foro Central – Fazenda Pública/Acidentes, TJSP.

definição das rotas de bicicletas, que, assim, prejudicariam a já estrangulada circulação de veículos e representariam uma lesão ao princípio constitucional da eficiência administrativa. Ainda, segundo a ação, a opção da Prefeitura de privilegiar o ciclista não levou em conta as características da cidade, que não seriam favoráveis ao uso da bicicleta como alternativa de transporte de massas.

O Tribunal de Justiça de São Paulo (TJ-SP)[31] cassou a liminar dias depois, sob o argumento de que não se pode equiparar a alegação de estudo deficiente, como quer o Ministério Público, à ausência completa de prévia avaliação do impacto.

Pedro Estevam Serrano comenta que a decisão foi correta, pois entende que "quem tem que optar por fazer ou não ciclovias é o prefeito, que recebeu o mandato popular para fazer essa escolha. O promotor e o juiz não podem substituir o administrador público que foi eleito para tomar esse tipo de decisão" (JOTA, 2015).

Tal medida também ocorre quando o Ministério Público propõe ações de improbidade desarrazoadas contra chefes do Poder Executivo, secretários, procuradores e ministros, ameaçando as suas livres atuações profissionais pelo fato de não concordarem com o seu parecer ou entendimento, como será exemplificado quando tratarmos do abuso do direito de ação.

Da mesma forma, não é raro o *parquet* oferecer denúncias ineptas, imputando crimes previstos na Lei de Licitação a agentes públicos sem demonstrar a tipicidade da conduta, simplesmente por não concordar com a contratação pública realizada e com as razões apresentadas para justificar a dispensa ou a inexigibilidade do certame. Vejamos:

PROCESSO PENAL. LICITAÇÃO. DISPENSA. DENÚNCIA. REJEIÇÃO. FALTA JUSTA CAUSA. 1. O entendimento dominante do Superior Tribunal de Justiça é no sentido de que o crime do art. 89, da Lie nº 8.666, de 1993, somente é punível quando produz resultado danoso ao erário. 2. (...)Não se pode deixar de lado o entendimento de que somente a intenção dolosa, tem relevância para efeito de punição. 3. Denúncia rejeitada. (STJ. Apn. 375 /AÇÃO PENAL 2002 /0027142-9, Data da publicação /fonte, DJ 24 /04 /2006, p. 340, LEXSTJ, vol 201. p. 234).

PENAL. PROCESSO PENAL. INQUÉRITO POLICIAL. FRAUDE À LICITAÇÃO. LEI N 8.666/1993, ARTIGO 90. PREFEITO MUNICIPAL.

---

[31] TJ-SP – AI: nº 2068407-05.2015.8.26.0000 SP 2068407-05.2015.8.26.0000. Relator Des Marcos Pimentel Tamassia. Data do julgamento: 21/07/2015, 1ª Camara de Direito Público, Data da Publicação: 22/07/2015.

DENÚNCIA. INÉPCIA. ATIPICIDADE. REJEIÇÃO. 1. Para a configuração do crime previsto no art. 90 da lei n. 8.666 /1993, não basta que o agente frustre ou fraude o caráter competitivo do procedimento licitatório, sendo indispensável a intenção de obter, para si ou para outrem, a vantagem decorrente da adjudicação. 2. Sendo omissa a denúncia quanto ao elemento subjetivo do crime em referência, forçosa a sua rejeição, por atipicidade. 3. Denúncia rejeitada. (TRF. INQUERITO 2007.01.00.054363-5/MG; Relator: Des. Federal Mário César Ribeiro. Órgão Julgador: Segunda Seção. Publicação: 24/11/2008 e-DJF1, p. 18. Data da Decisão: 01/10/2008).

Ocorre que essa imoderação no uso de suas amplas atribuições não afeta somente a Administração Pública. Os membros da instituição também utilizam suas prerrogativas como pretexto para interferir nas atividades privadas, além do limite de suas competências, com manifesto excesso de poder.

Nesse sentido, citamos o caso em que a Procuradoria Regional dos Direitos do Cidadão, do Ministério Público Federal no Rio Grande do Sul, recomendou[32] ao Santander Cultural a "imediata reabertura" da exposição privada Queermuseu[33] até a data em que estava previsto originalmente seu encerramento, após a exposição ter sido cancelada por protestos e ataques nas redes sociais e no próprio interior do museu, sob a alegação de que havia incentivo à pedofilia e zoofilia e atentava contra os bons costumes.

O órgão também recomendou que o Santander Cultural promovesse uma nova exposição, a suas custas, em proporções e objetivos similares à que foi interrompida, preferencialmente com temática relacionada à diferença e à diversidade cultural e que esteja aberta aos visitantes em período não inferior a três vezes o tempo em que a Queermuseu permaneceu sem visitação, bem como concedeu o prazo de 24 horas para a entidade responder se acatará ou não a recomendação.

Veja bem, trata-se de evento privado, o *parquet* não tem a competência de interferir na política interna e nos negócios de instituições

---

[32] Recomendação PRDC/RS nº 21/2017.

[33] "Queermuseu – Cartografias da diferença na arte brasileira" foi uma exposição artística brasileira apresentada no Santander Cultural, na cidade de Porto Alegre. O evento foi aberto no dia 15 de agosto e seguiria até o dia 8 de outubro de 2017, contando com 270 obras que abordavam as "questões de gênero e diferença." A exposição gerou polêmica devido a inúmeras acusações de apologia à pedofilia, à zoofilia e ao vilipêndio religioso. O Santander reagiu às críticas e pressões dos segmentos religiosos e conservadores e cancelou a exposição. Isso gerou ainda mais críticas, desta vez em prol da liberdade de expressão e do fazer artístico.

para determinar ou ditar a realização ou não de um evento, sob argumento, apresentado na recomendação, de que o efeito deletério a toda liberdade de expressão artística traz à memória situações perigosas da história da humanidade. Isso configura ato de abuso de poder por excesso. Para finalizar, parafraseando o artigo de autoria de Leonel Carlos da Costa (2014), acreditamos que o Ministério Público se transformou em uma espécie de "Big Brother", pois, sob o pretexto de verificar qual direito coletivo ou difuso estaria sendo desprotegido ou transgredido, o órgão está presente dentro de quartos de hotéis, motéis, bufê, empresas e repartições públicas.

4.2 Do desvio de finalidade

Desvio de finalidade ou desvio de poder são vícios materiais quanto ao fim do ato. A jurisprudência e a doutrina nacional e internacional flutuam na conceituação da expressão em apreço. Contudo, na maioria das definições existentes, o elemento "fim" é colocado em relevo, evidenciando a natureza do instituto, que se caracteriza pela distorção ou afastamento da finalidade da lei (CRETELLA JÚNIOR, 1997, p. 18).

Para que ocorra o desvio de poder, quatro elementos relevantes do ato devem estar presentes: (i) autoridade administrativa; (ii) competência; (iii) uso do poder discricionário; (iv) fim diverso do fixado na lei.

A "autoridade administrativa" (causa eficiente do ato administrativo), "usa de sua competência", de acordo com as formas prescritas em lei (causa formal), "para exercer poder discricionário que lhe é posto" (causa material), não, entretanto, "para perseguir o fim previsto na lei", mas para "fim diverso" (causa final) daquele que a lei lhe fixara.[34]

Logo, desvio de poder é o uso indevido que a autoridade administrativa competente faz do poder discricionário que lhe é conferido, para atingir finalidade diversa daquela que a lei, explícita ou implicitamente, preceitua.

A lei não regula minuciosamente toda a atividade administrativa, prevendo de antemão todas as hipóteses. Nem seria isso possível ao legislador, mesmo que pretendesse. Em inúmeros casos, a necessidade do preceito legal deixa à administração certa margem de decisão. Nessa margem ou faixa, é que se movimenta a discricionariedade.[35]

---

[34] CRETELLA JÚNIOR, *op. cit.*, p. 31.
[35] CRETELLA JÚNIOR, *op. cit.*, p. 52.

Segundo Jandira Maria Teixeira Alvares (2002, p. 07), dentro da questão do abuso de poder é vital que se mencione a discricionariedade dos atos administrativos – a partir do momento em que o legislador propicia um campo de liberdade ao agente, este irá adequar a sua atenção aos parâmetros de legalidade, razoabilidade e legitimidade. Caso contrário, esse campo de liberdade pode se transformar em arbítrio e abuso de poder.

Quanto à conceituação do instituto da discricionariedade, não há maiores controvérsias. Basta apenas que se comparem os atos vinculados com os atos discricionários. Diz-se que uma atuação é vinculada (adstrita aos termos legais), quando determinado qual o único caminho possível a ser seguido pelo administrador, ao passo que na atuação discricionária a lei assegura um maior campo de liberdade, propiciando uma apreciação subjetiva em relação à forma de proceder, no caso concreto, segundo critério de conveniência e oportunidade.[36]

De acordo com Celso Antônio Bandeira de Mello (1992, p. 14), o poder discricionário do Estado tem, antes, a natureza de dever, pois a lei impõe finalidades a serem alcançadas pelo agente. O poder serve apenas como instrumento necessário para a realização desse mesmo dever. Todo o desempenho administrativo, assim como o poder discricionário só sobrevivem como poderes por meio de uma total submissão à lei.

Segundo o autor, a lei impõe uma série de finalidades a serem alcançadas. E essas mesmas finalidades passam a ter um caráter de dever, do que propriamente de poder. Passa-se, então, a fortalecer a ideia de função, como uma finalidade a cumprir, que deve ser obrigatoriamente atendida por alguém do interesse de outrem. Nessa função, se exercerá um poder que não é regrado apenas pelo mero acaso de querer ou não querer, mas por um dever por parte dos agentes em suas atuações discricionárias.

A impossibilidade de definir com precisão todos os ditames da norma cria um campo subjetivo para o administrador, em que este poderá: (i) agir ou não; (ii) escolher a ocasião mais adequada para a prática do ato; (iii) a forma jurídica a ser seguida; ou ainda (iv) a eleição de uma medida idônea para uma determinada situação fática, que satisfaça o interesse geral (ALVARES, 2002, p. 08).

Segundo Maria Sylvia Zanella Di Pietro (2013, p. 48), a discricionariedade administrativa pode resultar: (i) de disposição expressa em lei conferindo à Administração a possibilidade do seu exercício;

---

[36] ALVARES, *op. cit.*, p. 08.

(ii) da insuficiência da lei em prever todas as situações possíveis; (iii) da previsão de determinada competência pela lei, sendo ausente a previsão da conduta a ser adotada, que é o que ocorre muitas vezes no exercício do Poder de Polícia; e (iv) do uso pela lei dos chamados conceitos indeterminados (*e.g.,* bem comum, urgência, moralidade pública).

A responsabilidade do agente em aplicar a lei, em situações que dão margem à discricionariedade, é tão importante quanto a responsabilidade do legislador em criar dispositivos com grau máximo de razoabilidade. Alguns autores chegam a afirmar que, se a lei só admite uma solução ótima por parte do agente, a conduta que não esteja nesse patamar não terá atingido a finalidade legal, sendo o ato considerado inválido.[37]

Além disso, deve estar presente o fim, a finalidade, o escopo que deve ser perseguido pelo agente do ato. E o fim deve ser sempre público, para que a finalidade discricionária não sofra distorção.

A Lei da Ação Popular nº 4.717/1965 consigna o desvio de finalidade como vício nulificador do ato administrativo, lesivo ao patrimônio público, e o considera caracterizado quando "o agente pratica o ato visando fim diverso daquele previsto, explícita ou implicitamente, na regra de competência" (art. 2º, paragrafo único, "e").

Não há de se olvidar que há certa margem de discricionariedade no âmbito da independência funcional do Ministério Público. Sob essa prerrogativa, o membro, diante de um caso concreto, avalia e interpreta determinados fatos, normas e opções antes de atuar.

Como explica Hugo Nigro Mazzilli (2007), a atuação do Ministério Público no campo civil é diferente de sua atuação no âmbito penal, em que não está adstrita ao princípio da obrigatoriedade.

Em regra geral, a atuação da instituição é vinculada à lei e não é discricionária. Assim, viola seus deveres funcionais o órgão do Ministério Público que, identificando a hipótese em que a lei exija sua ação, se recuse de maneira arbitrária a agir.

Entretanto, há nos casos em que a própria lei lhe concede discricionariedade para legitimamente atuar de acordo com critérios de oportunidade e conveniência. Esse caráter discricionário está presente em várias situações, como: (i) quando o Ministério Público intervém em razão da existência de um interesse público, cuja existência a ele incumbe reconhecer, pois que, se não o reconhecer, não haverá como defendê-lo; (ii) quando ele faz a transação penal; (iii) quando colhe o

---

[37] ALVARES, *op. cit.,* p. 14.

compromisso de ajustamento de conduta; e (iv) quando opina sobre a conveniência da venda de bens de incapazes (MAZZILLI, 2007).

Todos esses atos são meras consequências da livre valoração do interesse público pelo *parquet*: o dever de agir do Ministério Público pressupõe a valoração da existência ou da persistência do interesse público, seja para propor a ação, seja para nela prosseguir, ou para nela intervir.[38]

É no campo da atuação discricionária do Ministério Público que devemos nos atentar para verificar se há desvio de finalidade, como forma de abuso de poder.

Interessante apontar que a doutrina moderna dá contornos mais amplos ao desvio de finalidade, não se restringindo apenas à análise da motivação do agente, mas à conformidade do ato com o fim que a lei prescreve. Nesse sentido, entende-se importante também verificar a adequabilidade dos instrumentos e meios utilizados e as consequências que o ato pode causar a terceiros.

O princípio da legalidade impõe ao agente que, ao manejar as competências de seus cargos, atue com rigorosa obediência à finalidade prevista pela lei. Isto é, cumpre-lhe cingir não apenas a finalidade própria do ordenamento jurídico, que é o interesse público, mas também a finalidade *específica* abrigada na norma que está dando execução.

Léon Duguit[39] (1928 *apud* VELLOSO, 2007, p. 381-382) chega a entender que não basta proceder a autoridade sob a inspiração de um fim qualquer de interesse público, sendo mister, para a validez do ato, que ao praticá-lo vise à finalidade específica em virtude da qual lhe tenha sido outorgada a competência.

Tem-se mencionado a importância de alcançar o *fim prescrito* na norma, mas é de primordial valor que ao fazê-lo o agente se utilize de *meios idôneos*. Caso contrário, será necessário realizar um controle externo e interno para auferir a legitimidade do ato (ALVARES, 2002, p. 15).

O Ministério Público pode incorrer em desvio de finalidade não somente por agir em desconformidade com os fins específicos queridos pela lei, mas por escolher, dentro de sua esfera discricionária, meios inidôneos para alcançar seus objetivos.

Percebemos que, geralmente, os atos do Ministério Público não estão maculados com má-fé, com o intuito de prejudicar terceiros ou de se beneficiar por meios ilegais. Pelo contrário, na maioria das vezes,

---

[38] MAZZILLI, 2007, *op. cit.*

[39] DUGUIT, Léon. *Traité de DroitConstitutionnel*, 1928, v. II, p. 381-382.

os membros estão bem intencionados, mas por um anseio tão urgente de perseguirem o interesse público, como defensores da nação, assim o fazem por instrumentos e finalidades diversos dos que a lei os conferiu, de forma inconsequente.

Nesse sentido, não é tão incomum o *parquet* se favorecer da coação como instrumento de atuação, utilizar de modo indevido e exacerbado suas prerrogativas funcionais e desrespeitar ritos e procedimentos previstos em lei. Esses desvios estão muito presentes na atualidade, mas há uma dificuldade de identificá-los, pois não é fácil delimitar o que está sendo feito de acordo com as amplas funções do órgão, como, por exemplo, a de *custo legis*, e o que excede seus limites. Não basta apenas que a intenção seja honesta ou digna, é preciso usar instrumentos válidos e disponíveis no ordenamento jurídico para efetivá-la. Não adianta buscar um fim correto e se apoiar em meios equivocados ou distorcidos. Há a configuração do ato de abuso de poder da mesma forma.

A atuação pautada na coação como forma de atuação pode ser percebida quando, em determinado caso concreto, procurador da República justifica o pedido de prisão preventiva em *Habeas Corpus* pela necessidade de preservação da ordem pública e da conveniência da instrução probatória, que também possuiria "a importante função de convencer os infratores a colaborar com o desvendamento dos ilícitos penais". Ou seja, utiliza manifestamente a figura penal da prisão como meio coercitivo para obter a confissão ou a delação do investigado, às favas com o direito, como comenta Sebastião Tojal e Sergio Renault (2014).

A coação também ocorre quando o *parquet* propõe ações requerendo a condenação de multa ou de indenização com valor extremamente elevado, não condizente e proporcional com os danos causados ou com a violação ocorrida, desrespeitando o caráter educativo e protetivo que a lei pretende alcançar.

Vejamos o caso em que o Ministério Público do Trabalho acusa o Sistema Brasileiro de Televisão (SBT) de violar a intimidade e a honra de sua apresentadora e incitar a discriminação de gênero em uma determinada situação em um de seus programas humorísticos de auditório.[40] Na ação, pede-se, além da multa por danos morais e coletivos

---

[40] O primeiro caso envolveu a assistente de palco do "Programa do Ratinho". Na ocasião, o apresentador, segundo a descrição do Ministério Público, "desferiu forte chute numa caixa de papelão em que se encontrava Milene, atingindo a altura de sua nuca. A trabalhadora deu um grito e caiu sentada no chão, visivelmente assustada e possivelmente machucada.

no valor exorbitante de R$10 milhões, a vinculação de mensagem no início e no fim dos programas, sob pena de multa diária de R$200 mil (CARTA CAPITAL, 2017).

Outra atuação que desrespeita a razoabilidade exigida aos atos públicos é a imposição de multas extraordinárias às pessoas que se propuseram a colaborar em acordos de leniência. As ações civis da Operação Lava Jato, por exemplo, cobram das empreiteiras, partidos políticos e pessoas físicas indenizações que chegam a quase R$70 bilhões (COUTINHO, 2017).

Claro que se deve buscar o ressarcimento de danos públicos e privados, mas a questão é a razoabilidade com que isso deve ser feito. O intuito do acordo de leniência, importado de forma parcial ao ordenamento jurídico brasileiro, é o de que a pessoa contribua com a investigação e, por isso, receba penas mais leves, facilitando o retorno a sua atividade econômica. Da forma com que os acordos estão sendo celebrados, não está sendo bom para as empresas, que não estão gozando de qualquer tranquilidade e segurança jurídica pelo Estado, e nem para a saúde econômica do país.

No mesmo diapasão, o Ministério Público usa de forma indevida e exacerbada suas prerrogativas para questionar pareceres e consultas jurídicas assinadas por procuradores sobre assuntos administrativos. Quando determinado estudo jurídico não está de acordo com o entendimento do órgão, este os responsabiliza pessoalmente por improbidade administrativa, por qualquer dano que eventualmente tal manifestação possa ocasionar. Há um verdadeiro atentado contra o livre exercício profissional desses advogados públicos, que se sentem inibidos de manifestar seu conhecimento pelo receio de serem eventualmente penalizados.

Na contratação pública de bens e serviços, tornou-se quase que impossível fundamentar a inexigibilidade ou a dispensabilidade de licitação, sem que o ato sofra qualquer tipo de resistência pelo Ministério Público. Da mesma forma, é difícil concluir um procedimento licitatório ou uma concessão pública, sem que haja alguma ação ou intervenção do órgão sobre a sua licitude. Percebe-se um controle extremante excessivo sobre os atos administrativos, que chega a prejudicar o bom

---

Em seguida, ela se retirou do palco constrangida sob sons de risos e chacotas e o apresentador afirmou em tom debochado que ela era uma funcionária rebelde e providências seriam tomadas: ela iria 'pra rua1. O segundo incidente refere-se ao polêmico episódio do "Programa do Silvio Santos", no qual Silvio Santos insistiu em um namoro entre os dois apresentadores adolescentes. A adolescente recusou os insistentes pedidos para que dançasse e desse um 'selinho' no jovem, de quem ela admitira não querer nem ser amiga".

funcionamento da Administração.

São diversas as formas de intervenção abusiva do *parquet* nesses casos, que suspendem ou paralisam a execução de uma obra ou de um serviço, por meros indícios de irregularidade, sem se atentar para a dificuldade e o prejuízo que isso pode causar para o projeto e para o setor financeiro e comercial da empresa parceira.

De forma similar, com o pretexto de combater a corrupção, defender o patrimônio público, efetivar direitos sociais e acabar com a impunidade, alguns representantes do Ministério Público também lançam uma perigosa tentativa de reedição de métodos medievais para apurar faltas e aplicar penalidades, ferindo direitos e garantias fundamentais assegurados pela Constituição Federal.

Como elucida Adilson Abreu Dallari (2008), algumas vezes, a violação da lei e dos parâmetros traçados pela ordem jurídica é clara e evidente, configurando patente arbitrariedade. Mas, na maioria dos casos, a violação do sistema normativo ou dos princípios fundamentais da ordem jurídica acontece de maneira sutil, disfarçada, mascarada por uma aparência de licitude, sob a alegação de que se está apenas dando cumprimento a inafastáveis exigências legais.

O Ministério Público incide em formalismo abusivo quando age de forma totalmente despropositada, sem qualquer cuidado de verificar os fatos, sem abrir o necessário inquérito civil, sem assegurar ao acusado o mínimo dos direitos, o de ser ouvido.[41]

Além dos meios utilizados pelos agentes, o desvio de finalidade pode ser identificado pelas consequências resultantes do ato. Faz-se necessário verificar a repercussão que este teve na sociedade e no meio que está inserido e se violou outro bem ou direito, até de maior hierarquia, assegurado pelo sistema jurídico.

É preciso se atentar que, em diversas ocasiões, os transgressores da lei são amplamente confortados pela desmedida presunção de inocência, enquanto ferem direitos fundamentais e acusam presumidamente o cidadão comum.[42]

Nesse sentido, os promotores e procuradores, motivados pela ânsia de fazer justiça ou por vaidades pessoais, divulgam de forma inconsequente na imprensa detalhes de investigações e negociações que ainda estão em curso e gozam sigilo legal, tornando as vítimas e os delatores inimigos públicos.

---

[41] DALLARI, op, cit., p. 11, 25.

[42] *Ibidem*, p. 12, 25.

O Ministério Público, da mesma forma, injustificadamente, quebra sigilo, invade a privacidade alheia, faz pedido de prisão, decreta indisponibilidade de bens e causa prejuízos morais e financeiros irreparáveis aos investigados, em direta afronta às garantias fundamentais previstas no art. 5º, X, Constituição Federal.[43]

Esquece-se que a discricionariedade do *parquet* não é sinônimo de arbitrariedade. Os limites da atuação discricionária irão incidir na dupla dimensão da oportunidade e conveniência, estando ambas sujeitas aos parâmetros legais.

A discricionariedade atua como competência específica para valorizar corretamente o motivo dentro dos limites da lei e para escolher acertadamente o objeto, também dentro desse mesmo limite, não importando quais as qualidades positivas que possam ser apontadas à valoração e à escolha realizadas fora dos limites da lei (ALVARES, 2002, p. 33).

A oportunidade e a conveniência que consubstanciam o campo de ação do poder discricionário podem, seguramente, ser limitadas pelos princípios norteadores da administração, como princípios da legalidade, finalidade, motivação, razoabilidade, proporcionalidade, moralidade, ampla defesa, contraditório, segurança jurídica e do interesse público.

A adequabilidade do ato vai além da suficiência dos motivos. Estes necessitam ser adequados à natureza jurídica do ato praticado. O ato também precisa ser proporcional. Os atos administrativos necessitam guardar uma proporção adequada entre os meios que empregam e o fim que se deseja alcançar. Trata-se da imposição do princípio da razoabilidade, ou seja, o poder discricionário só é razoavelmente exercido quando o objeto do ato possui uma relação de congruência com a finalidade que deve ser exercida.

O problema que aqui alertamos é que o Ministério Público não tem agido, em determinadas situações, com essa razoabilidade. O que temos percebido é que para alcançarem os fins que desejam, os seus membros têm ignorado a largo esse princípio, agindo de forma inconsequente sem pensar em preservar as finalidades das leis e observarem direitos e garantias fundamentais assegurados aos cidadãos pela Constituição.

---

[43] "Art. 5º Todos são iguais perante a lei, sem distinção de qualquer natureza, garantindo-se aos brasileiros e aos estrangeiros residentes no País a inviolabilidade do direito à vida, à liberdade, à igualdade, à segurança e à propriedade, nos termos seguintes: .(...) X – são invioláveis a intimidade, a vida privada, a honra e a imagem das pessoas, assegurado o direito a indenização pelo dano material ou moral decorrente de sua violação."

Vejamos, por exemplo, a campanha das "10 Medidas Contra a Corrupção" apresentada pelo Ministério Público Federal à sociedade para aprimorar a prevenção e o combate à corrupção e à impunidade. Essa proposta inova em procedimentos com o fim de garantir mais transparência, eficiência e efetividade nas investigações do órgão. No entanto, flexibiliza garantias fundamentais e processuais sob o argumento de que isso é necessário para alcançar o interesse público.

A ideia, por exemplo, de realizar um teste de integridade em agentes públicos, simulando situações sem o seu conhecimento, com o objetivo de testar sua conduta moral e sua predisposição para cometer ilícitos contra a Administração Pública, está em total desconformidade com as garantias do direito processual penal e mais se parece com a figura do flagrante forjado ou preparado, proibido pelo ordenamento. A campanha também sugere a flexibilização de prazos prescricionais e a permissão para o aproveitamento no processo penal de provas obtidas de forma ilícita.

Apresentado em março de 2016, o Projeto de Lei nº 4.850/2016, de iniciativa popular que reúne a proposta, foi mais um movimento impulsionado pela difundida ideia de que o Ministério Público é o guardião da pátria e, por isso, precisa ser fortalecido. Viu-se na proposta legislativa uma nova oportunidade de atribuir maiores competências e prerrogativas ao órgão, além das já concedidas pelo sistema jurídico, felizmente, até o momento barrada por pressões políticas no Congresso.[44]

No mesmo diapasão há a Resolução nº 181/2017, editada pelo Conselho Nacional do Ministério Público, que amplia unilateralmente, sem se atentar a reserva de jurisdição e a reserva legal, as formas de atuação de seus membros na tramitação do procedimento investigatório.

Tem-se de, um lado, por exemplo, o art. 7º da resolução, que prevê que o membro do Ministério Público, na condução das investigações, poderá fazer vistorias, inspeções e quaisquer outras diligências, inclusive em organizações militares, sem ordem judicial prévia e que nenhuma autoridade pública ou agente de pessoa jurídica no exercício de função pública poderá opor ao órgão, sob qualquer pretexto, a exceção de sigilo.

---

[44] O Projeto de Lei nº 4.850/2016, até a conclusão da escrita deste trabalho, havia sofrido diversas alterações em sua redação e se encontra no Senado Federal para aprovação. Destaca-se que após sofrer algumas alterações na Comissão Especial que debatia o tema, inclusive com a adição de alguns pontos propostos pelo relator, o plenário da Câmara aboliu medidas consideradas chave no projeto. As mudanças foram tão profundas que a força-tarefa da Operação Lava Jato ameaçou renunciar coletivamente caso o texto seja aprovado pelo Senado.

CAPÍTULO 4
DA CONFIGURAÇÃO DO ATO DE ABUSO DE PODER PELO MINISTÉRIO PÚBLICO | 89

E, de outro lado, há o instituto do "acordo de não persecução penal", criado pelo art. 18 da resolução, que prevê uma nova forma de transação penal e de aplicação de penas, sem anterior previsão legal e sem a necessidade de homologação judicial. Tal acordo, que tem por finalidade obter a confissão do investigado, é inquestionavelmente inconstitucional por atentar contra o exercício da ampla defesa e do contraditório.

Por fim, pode-se também falar em abuso de poder por omissão, quando a autoridade, competente para perseguir determinada conduta, a ignora, por sua simples escolha de conveniência.

Estranha-se a forma desproporcional com que o Ministério Público conduz ações de improbidades para averiguar corrupção e desvio de dinheiro e pouco se atenta para outros crimes e irregularidades de igual ou maior importância, mas que têm menor repercussão na mídia e na sociedade.

Em entrevista com o antigo Presidente da Fundação Centro de Atendimento Socioeducativo ao Adolescente (Fundação CASA/SP), o promotor de justiça, Castro de Abreu Filho, referindo-se à omissão do Ministério Público para punir casos de tortura contra os infratores que lá se encontram internados, critica (ATHIAS, 2001):

> Não adianta me pressionar para demitir funcionários se quem é pago para isso, o Ministério Público, não fez o que deveria. Uma denúncia criminal reúne indícios de autoria, com um mínimo de materialidade. (...) A polícia instaurou inquérito, enviou ao promotor criminal para que formulasse denúncia contra o torturador e foi tudo arquivado. Eu não tenho notícia de nenhuma denúncia.

O Ministério Público, por vezes, privilegia uma parte de sua função constitucional e esquece-se de outra de igual ou maior relevância que deve zelar. Há uma crítica muito incisiva da forma com que o órgão se preocupa em deflagrar grandes casos de corrupção e lavagem de dinheiro e despreza o seu papel de controlador externo da atividade policial. Acredita-se até mesmo que esse lapso de atuação seja uma das fontes impulsionadoras de tanta corrupção na instituição.

Da mesma forma, destaca-se que os trabalhos da Operação Lava Jato têm se dirigido de forma quase exclusiva contra os crimes cometidos contra o dinheiro público, mas não tem dado atenção à investigação dos crimes envolvendo o dinheiro de particulares e investidores. O órgão ignora que também tem a competência de perseguir os crimes contra o Sistema Financeiro Nacional, de acordo com a Lei nº 7.492/1986.

No entanto, em outras causas em que o Ministério Público, dentro de sua discricionariedade, entende ser mais importante, parece não faltar vontade e empenho da instituição. No âmbito federal, o antigo procurador-geral da República por três vezes protocolou pedido de prisão ao senador Aécio Neves (PSDB-MG) sob argumentos similares e em desconformidade com as garantias parlamentares asseguradas na Constituição Federal.[45]

Vê-se que, nesse caso, a instituição perseguiu fins diversos de sua missão institucional de defender a ordem jurídica e o regime democrático, pois suas prerrogativas foram utilizadas para tentar intervir indevidamente no cenário político.

A comparação dessas situações ilustra que o Ministério Público também falha na escolha de suas prioridades e oportunidades no exercício de sua discricionariedade. Por vezes, o seu abuso de poder se dá por comissão e, por outras, dá-se por omissão. A falta de padrão e coerência na atuação do *parquet*, bem como a falta de controle de seus atos criam, de forma inversa e irônica, clima de insegurança jurídica e medo na sociedade.

Hoje, tanto os agentes públicos como os particulares temem os próximos passos do Ministério Público, vez que não sabem mais quais são os limites de sua atuação. Não há previsibilidade nas situações que o órgão intervém, nos instrumentos e meios que utiliza, bem como nas consequências que os seus atos podem causar aos cidadãos e ao regime democrático.

O abuso de poder comentado, tanto pelo excesso como pelo desvio, desacredita a instituição e desvirtua sua função constitucional. O órgão que no texto da Constituição Federal é responsável pela defesa da ordem jurídica é o primeiro a infringi-la no plano fático. Isso é alarmante para garantir a estabilidade jurídica, política e social do Estado Democrático de Direito brasileiro.

4.3 Do abuso de direito

A teoria do abuso do direito surgiu inicialmente apenas para reprimir os atos emulativos, isto é, aqueles desempenhados com finalidade específica de causar dano ao outro. Numa fase de positivismo

---

[45] Garantia prevista no art. 53, § 2º, Constituição Federal: "Desde a expedição do diploma, os membros do Congresso Nacional não podem ser presos, salvo em flagrante e crime inafiançável".

estrito, não existia a possibilidade de valorar a lei, o que ocasionava a sua aplicação automática, possibilitando graves injustiças, pois aquele que exercia seu direito de forma abusiva poderia sempre invocar o amparo legal para o seu exercício (PERES, 2010, p. 14).

A teoria propõe, desde seu nascimento, a reincorporação da justiça ao ordenamento jurídico, pois este se achava perturbado pelo exercício dos direitos subjetivos que lesionavam a vida social, desde o momento que de sua atuação resultava dano para terceiro, passível de ser reparado.

Rui Stoco (2002, p. 58) explica que é o reconhecimento da relatividade (em oposição ao absolutismo) dos direitos que ocasiona a possibilidade de configurar o abuso: "É justamente nessa ideia de relatividade e de limitação do direito externado que, para alguns, se assenta a doutrina, forte no entendimento de que a abusividade surge do conflito entre o interesse individual e o coletivo em sua manifestação exterior".

Na legislação alienígena, a teoria do abuso de direito iniciou-se como o capítulo da responsabilidade civil, derivado da noção de "culpa" do art. 1.382, do Código Civil francês.

No direito positivo brasileiro, a figura do abuso de direito está atualmente prevista no Código Civil de 2002, Título III, Dos Atos Ilícitos, no art. 187, que assim dispõe: "Também comete ato ilícito o titular de um direito que, ao exercê-lo, excede manifestamente os limites impostos pelo seu fim econômico ou social, pela boa-fé ou pelos bons costumes".

Quanto à natureza do instituto, há divergências doutrinárias. A depender do autor, o abuso de direito pode ser considerado como um ato lícito, um ato ilícito ou um ato *sui generis*.

É reconhecida a possibilidade de uma conduta, ou omissão, estar ao mesmo tempo de acordo com aspecto formal do direito, mas estar em desacordo com o seu aspecto material, isto é, com os fins ou valores que o sistema jurídico deve amparar. A realidade demonstra ser isso perfeitamente possível: a conduta está em harmonia com a letra da lei, mas em rota de colisão com os seus valores éticos, sociais e econômicos, em confronto com o conteúdo axiológico da norma legal (RIZZARDO,[46] 2007, p. 513 *apud* PERES, 2010).

Silvio de Santos Venosa (2002) explica que é por isso que o ato abusivo tem aparência de lícito, conforme o direito, mas não é, quando se desvia de sua finalidade. No abuso de direito, pois, sob a máscara

---

[46] RIZZARDO, Arnaldo. *Responsabilidade Civil*. 3. ed. Rio de Janeiro: Forense, 2007.

de ato legítimo, esconde-se uma ilegalidade. Trata-se de ato jurídico aparentemente lícito, mas que, levado a efeito sem a devida regularidade, ocasiona resultado tido como ilícito.

Há autores que, ainda influenciados pela redação do art. 160, I, do Código Civil de 1916, situam o abuso do direito no plano da ilicitude, mas sem confundi-lo com o ato ilícito, cuidam-no como uma "categoria autônoma da antijuridicidade". Nesse sentido, Heloísa Carpena[47] (2001, p. 57 *apud* LAUTENSCHLÄGER, 2007) ressalta que, enquanto os atos ilícitos ultrapassam "os limites lógico-formais" da ordem jurídica, os atos abusivos ultrapassam os limites "axiológico-materiais", o que justificaria a distinção.

Para os que entendem o abuso de direito como um ato ilícito, identificam este como ato antijurídico, definindo a ilicitude como a violação a uma norma jurídica, ou a relação de contrariedade entre uma conduta e um dever jurídico decorrente dessa norma. É ilícito por não encontrar guarida em um dado ordenamento jurídico, por frustrar um dever ou um valor nele fundado. Assim, ato abusivo é indubitavelmente ilícito.[48]

A doutrina também diverge quanto aos requisitos necessários para qualificar o ato como abusivo. Paulo Nader (2004, p. 552) entende que o abuso de direito se configura com a presença dos seguintes elementos: (i) titularidade de um direito; (ii) exercício irregular do direito e o rompimento dos limites impostos; (iii) elemento subjetivo da conduta; (vi) violação do direito alheio; e (v) nexo de causalidade. Para Orlando Gomes (2000, p. 488), os elementos resumem-se em: (i) ação ou omissão de alguém; (ii) culpa do agente; (iii) violação de norma jurídica de Direito Privado; e (iv) dano a outrem. Já para José Luiz Levy (2015, p. 345), a vedação ao ato abusivo caracteriza-se por: (i) sua aplicação a todos os ramos do sistema civil-constitucional; (ii) não exigência da ocorrência do dano; (iii) abuso manifesto; e (iv) sua identificação sob um critério objetivo.

Independentemente da posição doutrinária adotada, demonstraremos, ao comentar os elementos do ato de abuso de direito, que a atuação do Ministério Público pode se configurar como abusiva na prática.

---

[47] CARPENA, Heloísa. *Abuso de direito nos contratos de consumo*. Rio de Janeiro: Renovar, 2001.

[48] FERREIRA JORDÃO, 2006 cita que esta posição é de THEODORO JR., Humberto. *Comentários ao novo Código Civil*, p. 116; CAVALEIRI FILHO, Sérgio. *Programa de responsabilidade civil*, p. 158; STOCCO, Rui. *Abuso de direito e má-fé processual*; PEREIRA, Caio Mário da Silva. *relatório, projeto de códigos de obrigações*, p. 675; GONÇALVEZ, Carlos Roberto. *Comentários ao Código Civil*, p. 295; DINIZ, Maria Helena. *Dicionário jurídico*, p. 32.

O abuso de direito conquanto seja figura tratada primordialmente pelo ramo do Direito Civil e prevista em seu código, é matéria diretamente afeita à Teoria Geral do Direito, não se restringindo a barreira do Direito Civil, conforme adverte Eduardo Ferreira Jordão (2006, p. 32). A sua concepção está umbilicalmente ligada à ideia que se tem do fenômeno jurídico.

Da mesma forma, José Luiz Levy (2015, p. 225) explica que a teoria do abuso não é aplicada somente no campo do Direito Privado, mas em todo o Direito, razão porque se trata de uma categoria jurídica, podendo ser aplicada em quaisquer de seus ramos, seja no Direito Penal, no Direito Processual Civil ou no Direito Administrativo.

Interessante notar que, apesar de haver um ponto de contato entre a figura do abuso de direito e do desvio de poder, por ambas terem como premissa um fim contrário à lei, elas não se confundem. Isso porque a primeira exige a presença do exercício de um direito além dos limites impostos pelo princípio da boa-fé, dos bons costumes e do fim econômico e social.[49]

Dessa forma, apesar de muito similares, a aplicação da teoria de abuso de poder em nada inibe a configuração do abuso de direito pelo Poder Público. Elas não se excluem. A Administração Pública e seus agentes podem incorrer nessas duas anomalias sem que haja qualquer contradição lógico-jurídica.

Por essa razão, a doutrina mais moderna[50] admite que a teoria não se aplique exclusivamente ao direito subjetivo em sentido estrito, mas a quaisquer prerrogativas jurídicas, categoria da qual o direito

---

[49] Nesse sentido, Celso Antônio Bandeira de Mello (*apud* SERRANO, Pedro Estevam. *O desvio de poder na função legislativa*. São Paulo: FTD, p. 09) afirma "o desvio de poder não é senão uma modalidade de abuso de direito, uma expressão desse vício na esfera pública, de onde suas raízes teóricas são muito longínquas"; Pedro Batista Martins (ROSA, Roberto. *Do abuso de direito ao abuso de poder*. São Paulo: Malheiros Editores, 2011, p. 62-63 *apud* MARTINS, Pedro Batista. *O abuso de direito e o ato ilícito*. Rio de Janeiro: Freita Bastos, 1935, p. 217) chega até mesmo a considerar que o desvio de poder corresponde, na técnica do direito administrativo, ao abuso de direito, entretanto, não se confundem. Para Marcel Waline (ROSA, 2011 *apud* WALDINE, Marcel. *Précis de Droit Administratif*, 1969, p. 348; WALDINE, Marcel, *L'Individualisme et le Droit*, 1945, p. 410) o abuso de direito tem ponto comum com o *détourment de pouvoir*, consistindo ambos em um fim contrário do legislador e até ato antissocial . O administrador ou o agente público não pode servir-se de seus poderes, de sua função, em vista de um fim, mas em razão do objetivo conferido pelo Poder Público.

[50] FERREIRA JORDÃO, 2006 cita como doutrina moderna: Mario ROTONDI, *L'abuso di diritto*, p. 32; Pietro RESCIGNO, *Abuso del diritto*, p. 19; Louis JOSSERAND, *De lésprit de droits et de leur relativité*, p. 323; Fernando Augusto CUNHA DE SÁ, *Abuso do direito*, p. 551; Jorge Manoel COUTINHO DE ABREU, *Do abuso de direito*, p. 72-73. Pedro Batista MARTINS, *O abuso de direito e o ato ilícito*, p. 220.

subjetivo é mera espécie. Por esta razão, o "direito" no termo "abuso de direito" pode ser entendido como sinônimo de prerrogativas públicas ou competências.

Os membros do Ministério Públicos, portanto, podem também cometer atos de abuso de direito no exercício de suas atribuições funcionais, desde que configurados os demais elementos a seguir analisados. Quanto ao elemento do exercício irregular de direito e o rompimento dos limites impostos, o ato abusivo é o exercício de um ato que, realizado sob a aparência de um direito, desatende aos princípios que fundamentam axiologicamente e materialmente a norma jurídica (LEVY, 2015, p. 200).

O ato abusivo é decorrente de um exercício irregular, e este deve ser entendido em oposição ao exercício regular. Assim, é válido trazer a noção de José Augusto Delgado e de Luiz Manoel Gomes Júnior[51] (2008, p. 875 *apud* PERES, 2010) quanto ao que se entende por exercício regular: "O exercício regular de direito reconhecido há de ser concebido dentro dos limites de razoabilidade e de proporcionalidade que o cercam. Ele deve ser exercido, consequentemente, de modo normal".

Sobre o princípio da razoabilidade, Luís Roberto Barroso (2001) explica que é razoável o que seja conforme à razão, supondo equilíbrio, moderação e harmonia, o que não seja arbitrário ou caprichoso; o que responda ao senso comum, aos valores vigentes, em dado momento ou lugar.

Quanto ao princípio da proporcionalidade, Paulo Bonavides (2008) esclarece que o princípio objetiva instituir a relação entre fim e meio, confrontando o fim e o fundamento de uma intervenção com os efeitos desta para que se torne possível o controle do excesso.

Dessa forma, no exercício dos direitos e prerrogativas, o agente deve previamente ponderar, dentro dos critérios da razoabilidade e proporcionalidade se não há outro meio menos gravoso para atingir a finalidade pretendida. Isto é, se o prejuízo a terceiro pode ser evitado ou minimizado de outra maneira, sem excessos.

O abuso de direito também ocorre quando o agente age sem respeitar o ordenamento jurídico e seus princípios. Somente na análise do caso concreto que o ato abusivo pode ser apurado. Por isso, é necessário verificar caso a caso se o exercício do direito subjetivo ou

---

[51] DELGADO, José Augusto; GOMES JÚNIOR, Luiz Manoel. *Comentários ao Código Civil brasileiro*. V. 2: Dos fatos jurídicos. Arruda Alvim e Thereza Alvim (Coord.). Rio de Janeiro: Forense, 2008.

da prerrogativa pública viola não somente os princípios e regras que o informam, mas, em especial, o princípio da boa-fé e dos bons costumes. Por boa-fé entende-se o dever das partes de, dentro de uma relação jurídica, se comportar tomando por fundamento a confiança que deve existir, de maneira correta e leal. Mais especificamente, caracteriza-se como retidão e honradez dos sujeitos de direito que participam de uma relação jurídica, pressupondo o fiel cumprimento do estabelecido (MARTINS-COSTA,[52] 2000, p. 73 *apud* PRETEL, 2007).

A boa-fé, no contexto do abuso do direito, não é a intenção do agente, a boa-fé subjetiva, mas a boa-fé objetiva, isto é, o modelo de conduta aceitável. Significa que as pessoas devem ter um comportamento honesto, correto e leal, principalmente em função dos interesses do outro, visto como um membro do conjunto social que é juridicamente tutelado (LAUTENSCHLÄGER, 2007, p. 83).

Sérgio Cavalieri Filho[53] (2003, p. 73) explica que a abrangência dada pelo art. 187 do Código Civil representa o reconhecimento de que todos os direitos têm sua limitação na ética: "A boa-fé passou a ser uma espécie de cinto de segurança de toda a ordem jurídica: não é possível ultrapassar o limite da boa-fé, qualquer que seja o direito, por mais absoluto que ele seja. Boa-fé é ética, porque o fundamento racional e último do Direito é a ética".

O princípio da boa-fé, por estar inserido no sistema civil-constitucional, há de balizar também a atuação da Administração Pública em sua relação com os demais entes públicos e com os administrados. Mesmo na ausência de legislação específica, a Administração está adstrita não somente à lei, mas ao direito, a todo sistema normativo. A jurisprudência pátria é abundante nesse sentido: "A Administração Pública (...) deve se pautar pela boa-fé tanto no sentido objetivo quanto no aspecto subjetivo de respeito à confiança dela depositada por todos os cidadãos" (STF, Pleno, RE nº 598.099, Rel. Min.Gilmar Mendes, *Dje* 30.09.2011); "O princípio da boa-fé deve ser atendido pela Administração Pública" (STJ, 4ª T, Resp nº 141.879, Rel Min. Ruy Rosado Aguiar, j. 13.03.1998); e "a boa-fé objetiva é orientadora também da Administração Pública" (STJ, 2ª T., AgRg no AREsp nº 260.223/PE, Rel. Min, Herman Benjamin, *Dje* 08.05.2013).[54]

---

[52] MARTINS-COSTA, Judith. *A boa-fé no direito privado*: Sistema e tópica no processo obrigacional. 1. ed. São Paulo: Revista dos Tribunais, 2000.

[53] CAVALIERI FILHO, *Sérgio*. Responsabilidade Civil no novo Código Civil. *Revista de Direito do Consumidor*, n. 48, out./dez. 2003.

[54] Cf. LEVY. *Op. cit.*, p. 235.

Dessa forma, como agentes públicos, os membros do Ministério Público devem também agir de acordo com o princípio da boa-fé e dos bons costumes no exercício de sua função, de forma responsável, cautelosa e consciente, com o fim de cumprir fielmente o ordenamento jurídico, da mesma forma que devem se atentar para os direitos e garantias fundamentais dos cidadãos.

Cláudio Barros (2010, p. 224) lembra que os membros do *parquet*, no exercício de suas atribuições, têm o dever geral da administração pública. Conjuntamente sobre os seus atos devem prevalecer os princípios da legalidade, da impessoalidade, da publicidade, da moralidade, da eficiência, da lealdade, da objetividade, da razoabilidade e, principalmente, o da imparcialidade. Faltando um desses princípios, estaremos diante da quebra de requisitos que compõem a formação dos membros do Ministério Público, pois são seus deveres éticos para com a sociedade.

Ocorre que, na prática, há certas situações em que esse dever de zelo e ética dos promotores e procuradores não é verificado, principalmente no âmbito processual, quando ajuízam ações civis públicas e oferecem denúncias.

O exercício do direito de ação independe da existência de uma sentença favorável, assistindo a quem creia de boa-fé, ser titular de uma pretensão de direito material. Trata-se de um direito abstrato, relacionado a um direito material e sujeito ao preenchimento de certos requisitos e pressupostos.[55]

Percebemos que, em alguns casos, os membros da carreira não têm o cuidado e o zelo de verificar previamente os acontecimentos ou de prever as consequências que o ajuizamento de uma ação pode causar na vida dos envolvidos e na sociedade. Essa falta de diligência se dá, provavelmente, pelo fato de que dificilmente eles

---

[55] Sobre maiores considerações sobre o direito de ação, transcrevemos trecho explicativo de SOUZA, 2005, p. 93: "Ao lado da *ação de direito material*, passou-se a conceber a existência de uma *ação de direito processual*. Frustrada a pretensão espontânea, o titular da pretensão do direito material pode invocar a intervenção do Estado, visando à realização do seu direito. Esta nova perspectiva tem origem na viva polêmica travada entre Windscheid (1856) e Muther (1857), sujos desdobramentos se fizeram sentir na concepção publicita do direito de ação, que pode se ver em Plosz (1876) e Degenkolb (1877). Com Bülow, em 186, abre-se caminho, de outra parte, para a chamada teoria abstracionista, segundo a qual o direito de ação independe de uma sentença favorável, assistindo a quem a creia, de boa-fé, ser titula da pretensão de direito material. Modernamente, em uma posição intermediária, está Liebman (1949), para quem a ação consiste no direito a um provimento sobre o mérito. Trata-se de um direito abstrato, exercido contra o Estado, mas ao mesmo tempo relacionado à pretensão do direito material (*causa petendi*) e sujeito ao preenchimento de certos requisitos, conhecidos como *condições da ação*".

serão responsabilizados por seus atos ou sofrerão com a repercussão da demanda, vez que estão amparados por prerrogativas funcionais. Nessas situações, falta ética profissional. O Ministério Público age no campo processual como se fosse um jogo de apostas, em que não há nada a perder. Na dúvida, o órgão ajuíza ações e se ao final do processo forem julgadas procedentes, vitória, se forem julgadas improcedentes, azar. Ele não sopesa as implicações de sua atuação na comunidade, na boa gestão pública e na reputação das pessoas envolvidas.

Cláudio de Barros (2010) alerta que o ato de excesso, que caracteriza o abuso de direito, revela intimidade com a iniquidade, com a ausência de razoabilidade e com a inadequação. A caracterização do ato de excesso deve ser mensurada à vinculação entre o direito e o comportamento ético do membro do Ministério Público.

Temos a impressão de que os promotores e procuradores, com a ânsia de mostrar serviço, de apurar irregularidades e de tutelar a sociedade, cometem excessos e exageram no exercício de suas atribuições.

Atuar no âmbito processual é uma prerrogativa, um dever-direito da instituição para efetivar suas finalidades. No entanto, agir sem se atentar às regras processuais, à boa-fé e aos bons costumes, de forma desarrazoada e desproporcional é um ato ilícito abusivo.

Tal abuso de direito fica evidente quando o Ministério Público propõe ações civis públicas desnecessárias e temerárias, sem ter a boa-fé de avaliar previamente se a demanda cumpre os requisitos e pressupostos da ação, de acordo com as regras e princípios do direito processual civil.

O mesmo ocorre no exercício da ação penal, que não existe para atormentar as pessoas, criar embaraços e dificuldades, mas sim para promover a defesa social. Se a denúncia é oferecida sem que haja a coleta mínima de materialidade e tipicidade da conduta, em contrariedade ao princípio do *in dubio pro reo*, sujeitando pessoas inocentes ao penoso julgamento, o abuso de direito está, de igual forma, configurado.

No entanto, sob pena de estendermos demasiadamente o tópico, nos atentaremos preferencialmente à análise da atuação do órgão em ações civis públicas, alertando desde já que muitas das situações comentadas podem ser também configuradas na esfera penal.

Rogério Lauria Tucci (1992) há anos já atenta para a equivocada interpretação e aplicação dos arts. 17 e 330, II e III, correspondentes no Novo Código de Processo Civil,[56] e arts. 11 e 12 da Lei nº 7.347/1985.[57]

---

[56] "Art. 17. Para postular em juízo é necessário ter interesse e legitimidade. Art. 330. A petição inicial será indeferida quando: II – a parte for manifestamente ilegítima; III – o autor carecer de interesse processual;"

O professor aponta que se formulam, com frequência, petições iniciais tecnicamente ineptas, não tendo dúvida em afirmar, embora com o devido respeito, que a utilização da ação civil pública pelo Ministério Público, a par de exagerada, tem-se mostrado realmente abusiva. Há uma desenfreada propagação de ações civis públicas que não atendem ao requisito processual do interesse de agir. Muitas são ajuizadas sem que haja a real necessidade e utilidade da intervenção judicial ou são utilizadas para tratar de objeto diverso do previsto em lei, criando uma verdadeira banalização do instituto.

Por vezes, a providência pleiteada poderia ter sido obtida independentemente da provocação jurisdicional. Muitas lides poderiam ser solucionadas de forma mais efetiva, céleres e menos custosas. Existem, por exemplo, diversos recursos e procedimentos internos dentro da Administração Pública que servem para retroalimentar a execução de uma política pública, como ouvidorias, reclamações, procedimentos e recursos hierárquicos que são pouco utilizados ou lembrados pelo Ministério Público.

Bernardo Strobel Guimarães (2010, p. 394) defende que as ações coletivas deveriam ter, assim como a figura da justa causa do processo penal, requisitos mínimos no plano do direito material, indícios de materialidade ou viabilidade da marcha processual.

A autorização conferida pelo ordenamento para que ajuíze esse tipo de ação não é um *cheque em branco*, mas uma atribuição a ser exercida com base em elementos concretos que justifiquem a adoção de uma postura em detrimento de outras.[58]

O autor da ação coletiva está a exercer uma função pública, exige-se dele atuação com base em indícios suficientemente sérios que justifiquem a sua conduta. Nesse sentido, o Ministério Público não pode, sob pena de faltar com a ética e a probidade, aventurar-se processualmente. Sua atuação deve estar pautada na seriedade e responsabilidade que o seu *múnus público* exige. É dever do autor coletivo reunir elementos suficientemente sérios para propor a demanda. Não há como se admitir, tal como ocorre quando se está diante de direitos puramente subjetivos, a mera descrição em abstrato de uma situação

---

[57] "Art. 11. Na ação que tenha por objeto o cumprimento de obrigação de fazer ou não fazer, o juiz determinará o cumprimento da prestação da atividade devida ou a cessação da atividade nociva, sob pena de execução específica, ou de cominação de multa diária, se esta for suficiente ou compatível, independentemente de requerimento do autor. Art. 12. Poderá o juiz conceder mandado liminar, com ou sem justificação prévia, em decisão sujeita a agravo."

[58] GUIMARÃES, 2010, p 349.

de fato contrária ao direito, relegando à instrução probatória toda e qualquer avaliação sobre o tema.[59]

Assim, em que pese a louvável prerrogativa do Ministério Público de investigar e instaurar medidas necessárias para proteger o patrimônio púbico, deve estar patente, ou minimamente comprovado, que o bem comum foi de alguma forma ofendido por determinada situação fática, sendo intolerável a interposição de inquérito civil ou ação civil pública com base em meras convicções pessoais, conjecturas anômalas, notícias jornalísticas ou representações infundadas.

Geordano Paraguassu (2010, p. 83-83) exemplifica essa situação ao comentar que há casos em que membros do Ministério Público propõem ações civis públicas de improbidade administrativa contra chefes do Poder Executivo motivadas por questões insignificantes, de mínima relevância:

> Quantas sãs as instaurações de inquéritos civis, mesmo havendo indícios de inexistência de dolo ou traço de desonestidade por parte dos agentes públicos, que figura como investigado. E quanta são as ações civis propostas, mesmo tendo restado na própria fase de inquérito a inexistência de requisitos obrigatórios à configuração do ilícito, culminando posterior com a improcedência, diante da ausência de prejuízo aos cofres públicos e de mínimos elementos de convicção capazes de justificar a instauração de uma lide dessa natureza.

Nesse sentido, encontramos na jurisprudência decisões que demonstram a falta de justa causa ou de interesse de agir nas ações ajuizadas pelo *parquet*:

> APELAÇÃO CÍVEL. AÇÃO CIVIL PÚBLICA. IMPROBIDADE ADMINISTRATIVA. ARTIGO 9º, INCISOS I E IV, E ARTIGO 11, *CAPUT*, E INCISO I, AMBOS DA LEI FEDERAL Nº 8.429/92. AUSÊNCIA DE PROVA CERTA, DETERMINADA E CONCRETA DOS ATOS ILÍCITOS, BEM COMO ACERCA DA EXISTÊNCIA DOLO OU CULPA GRAVE (ELEMENTOS SUBJETIVOS). RECURSO CONHECIDO, MAS IMPROVIDO. SENTENÇA MANTIDA. 1. As provas colhidas nos presentes autos (em sua maioria, testemunhais) revelaram uma possível irregularidade funcional ao permitir que a motocicleta dada como "garantia de dívida" fosse alocada (temporariamente) nas dependências da Delegacia, situação que, em cotejo aos demais elementos probatórios, não revelou a má-fé, culpa grave ou dolo (elementos subjetivos) dos Policiais

---

[59] *Ibidem.*

em atuar como "cobradores da dívida". Não existiu, outrossim, prova contundente da atuação desleal ou coativa por parte dos policiais na condução das investigações, situação que torna a improcedência da ação civil pública como de rigor. 2. Afinal, a teor da jurisprudência sufragada no STJ, [...] Incumbe ao autor da ação de improbidade o ônus da prova sobre os fatos imputados ao suposto agente ímprobo. [...] (REsp 1314122/MG, Rel. Ministro Benedito Gonçalves, Primeira Turma, julgado em 03/04/2014, DJe 09/04/2014), porquanto "[...] a ação de improbidade administrativa exige prova certa, determinada e concreta dos atos ilícitos, para ensejar condenação. Não se contenta com simples indícios, nem com a verdade formal. Acórdão que reconheceu existir, apenas, indícios da prática de improbidade administrativa. Improcedência do pedido que se impõe. [...]" (REsp 976.555/RS, Relator Ministro José Delgado, Primeira Turma, julgado em 08/04/2008, DJe 05/05/2008). No mesmo sentido: (TJES, 35990082535, Classe: Apelação, Relator: Fabio Clem de Oliveira, Primeira Câmara Cível, Julgamento: 19/06/2012). 3. Logo, não havendo prova capaz de assegurar que os policiais tenham praticado os atos tidos como ilegais mediante emprego de dolo ou culpa grave, imperioso o reconhecimento de que o caso em apreço não reúne os elementos necessários para a escorreita caracterização da improbidade administrativa que lhes fora imputada, impedindo, via de consequência, a condenação postulada na inicial. 5. Recurso conhecido, mas improvido. VISTOS, relatados e discutidos estes autos ACORDAM os Desembargadores que compõem a Primeira Câmara Cível do egrégio Tribunal de Justiça do Estado do Espírito Santo, de conformidade com a ata e notas taquigráficas que integram este julgado, à unanimidade, negar provimento ao recurso, nos termos do voto da Relatora. Vitória, 19 de maio de 2015. PRESIDENTE RELATORA. (TJ--ES – APL: 0534693320108080024, Relator: JANETE VARGAS SIMÕES, Data de Julgamento: 19/05/2015, PRIMEIRA CÂMARA CÍVEL, Data de Publicação: 02/06/2015)

AÇÃO CIVIL PÚBLICA. IMPROBIDADE. NÃO CARACTERIZAÇÃO DOS FATOS. IMPROCEDÊNCIA. Se não existem dados concretos, completos e a convencer da existência dos atos de improbidade denunciados pelo Ministério Público, moldados em ação/omissão do réu/apelado com tais requisitos e caracterização que levem à responsabilização pretendida, é improcedente a ação. O exercício da ação civil é estimulado pela própria lei que, assim, libera o seu autor dos ônus decorrentes de uma eventual sucumbência, à exceção da hipótese de se evidenciar litigância temerária com má-fé ou dolo, cuja ocorrência, entretanto, não se presume e nem decorre da simples improcedência da referida ação; deve ser concretamente demonstrado e devidamente caracterizado o dano processual ou à parte. (TJ/MG, Rel. Des. Geraldo Augusto, AP. Cível nº 000.296.143-1/00, 1ª CC, DJ de 7.2.2003)

Em relação à legitimidade *ad causam*, o Ministério Público, como substituto processual, pode propor a ação civil pública para defender interesses difusos, coletivos e individuais indisponíveis e homogêneos, quando presente interesses sociais relevantes. Esses direitos devem ser analisados e ponderados no caso concreto dentro de seus limites. Não pode o *parquet* interpretá-los de forma extensiva, com o fim de intervir em qualquer situação cotidiana, que não diga respeito a suas atribuições.

Nesse sentido, cabe transcrever parte do voto de Araken de Assis (*apud* LACERDA, 2007), quando desembargador de Tribunal de Justiça do Rio Grande do Sul, que resume a problemática que pretendemos mostrar:

> O Ministério Público só tem legitimidade para promover ação civil pública em defesa de direitos difusos e coletivos, que são os interesses sociais que estão insculpidos no caput do art. 127. Não são direitos de índole diversa e, muito menos, direitos patrimoniais disponíveis, como se verifica na espécie. Conceder a esfera legitimante do *parquet* diversamente, levaria à aniquilação dos direitos privados, à alteração, por órgão do Estado, do objeto litigioso; em qualquer demanda bastaria autorizar a intervenção do Ministério Público em qualquer processo para que o fenômeno se produzisse e transformaria o Ministério Público num organismo com poderes ainda maiores do que a "Prokutura" soviética (...) Decididamente não foi esse o quadro dentro do qual operou a Constituição de 1988. É por tal razão que toda a vez que a tutela do Ministério Público visar a tutela de direitos subjetivos privados e disponíveis, há flagrante ilegitimidade ativa.

O Ministério Público, por vezes, ajuíza ações civis públicas para defender direitos ou para subjugar eventos que não estão englobados em sua esfera de competência. Essa hipótese de abuso de direito de ação muito se assemelha com o excesso de poder tratado no tópico anterior. Como já afirmado, há situações em que os dois institutos se fundem e se confundem na prática. Quando o Ministério Público utiliza a ação civil pública além dos limites de sua legitimidade processual para intervir indevidamente em situações que fogem de suas atribuições, há a configuração do abuso pelas duas formas.

Tal situação verifica-se, por exemplo, quando propõe ações coletivas para tratar de temas que não guardam relação com os direitos que o órgão tutela ou que não apresentam interesse social relevante. É o que ocorre quando intervém em contrato e negócios privados ou em relações decorrentes de direitos disponíveis:

REEXAME NECESSÁRIO E APELAÇÃO CÍVIL – AÇÃO CIVIL PÚBLICA – DIREITO À SAÚDE – DIREITO DISPONÍVEL – ILEGITIMIDADE ATIVA DO MINISTÉRIO PÚBLICO. 1 – O direito à saúde é um direito público subjetivo, ao qual o paciente maior e capaz pode dispor livremente; 2 – Não se trata de um direito indisponível, tanto que na forma do art. 22 do Código de Ética Médica o profissional médico deve obter o consentimento do paciente ou de seu representante para realizar procedimentos; 3 – O Ministério Público não detém legitimidade para propor ação individual na defesa de interesses disponíveis; 4 – A legitimidade do Ministério público na propositura de ações individuais como substituto processual reserva-se aos direitos indisponíveis. (TJ-MG – AC: 10015130047655001 MG, Relator: Renato Dresch, Data de Julgamento: 23/02/0016, Câmaras Cíveis / 4ª CÂMARA CÍVEL, Data de Publicação: 02/03/2016)

AÇÃO CIVIL PÚBLICA. RESSARCIMENTO DE DESPESAS MÉDICAS – DIREITO INDIVIDUAL DISPONÍVEL – ILEGITIMIDADE ATIVA DO MINISTÉRIO PÚBLICO. – O Ministério não detém legitimidade para ajuizar ação civil pública objetivando o ressarcimento das despesas médicas efetuadas por cidadão em estabelecimento hospitalar particular, por se tratar de direito patrimonial, privado e disponível. – Recurso não provido. (TJ-MG – AC: 10569140004619001 MG, Relator: Heloisa Combat, Data de Julgamento: 09/10/2014, Câmaras Cíveis / 4ª CÂMARA CÍVEL, Data de Publicação: 16/10/2014)

PROCESSUAL CIVIL. AGRAVOS REGIMENTAIS NO AGRAVO EM RECURSO ESPECIAL. ILEGITIMIDADE. MINISTÉRIO PÚBLICO. AÇÃO CIVIL PÚBLICA. DPVAT. SÚMULA 470/STJ. 1. "O Ministério Público não tem legitimidade para pleitear, em ação civil pública, a indenização decorrente do DPVAT em benefício do segurado" (Súmula 470/STJ). 2. Agravos regimentais não providos. (STJ – AgRg no AREsp: 81215 GO 2011/0198545-3, Relator: Ministro LUIS FELIPE SALOMÃO, Data de Julgamento: 02/02/2012, T4 – QUARTA TURMA, Data de Publicação: *DJe* 07/02/2012)

ADMINISTRATIVO. PROCESSUAL CIVIL. RECURSO ESPECIAL. AÇÃO CIVIL PÚBLICA. ATO DE APOSENTAÇÃO. SERVIDOR PÚBLICO. DIREITOS DISPONÍVEIS. AUSÊNCIA DE INTERESSE PÚBLICO. ILEGITIMIDADE ATIVA AD CAUSAM DO MINISTÉRIO PÚBLICO. I – O Ministério Público Federal não possui legitimidade ativa para propor ação civil pública com o objetivo de manter aposentadorias e pensões de um grupo específico de servidores públicos, diante da divisibilidade e disponibilidade do bem jurídico tutelado. II – Recurso especial improvido. (STJ – REsp: 1178660 MG 2009/0132301-0, Relator: Ministro NEFI CORDEIRO, Data de Julgamento: 26/05/2015, T6 – SEXTA TURMA, Data de Publicação: *DJe* 02/06/2015)

AGRAVO DE INSTRUMENTO. AÇÃO CIVIL PÚBLICA. COBRANÇA. DÉBITO RELATIVO AO TRANSPORTE DE ESTUDANTES DO MUNICÍPIO DE BARCARENA. PRELIMINAR DE OFÍCIO. ILEGITIMIDADE ATIVA DO MINISTÉRIO PÚBLICO. ACOLHIDA. 1- O art. 127 da CF/88 dispõe que incumbe ao Ministério Público a defesa dos interesses sociais e individuais indisponíveis. 2- No caso dos autos, o Representante do Ministério Público do Estado do Pará propôs Ação Civil Pública visando o pagamento dos barqueiros e da Cooperativa de Transporte de Passageiros, Cargos e Turismo e de Locação de Veículos, Máquinas pesadas e equipamentos Contraserv, concernente ao transporte de alunos das escolas da Rede Municipal. 3-Falece legitimidade do Ministério Público para figurar no pólo ativo de ação civil pública quando a questão ventilada não versa sobre a educação propriamente dita, mas da falta de pagamento de valores devidos do mês de dezembro/2012. 4-Na hipótese, por se tratar de direitos individuais homogêneos, identificáveis e divisíveis, devem ser postulados por seus próprios titulares. Recurso conhecido e provido. (TJ-PA – AI: 201430001698 PA, Relator: CELIA REGINA DE LIMA PINHEIRO, Data de Julgamento: 29/09/2014, 2ª CÂMARA CÍVEL ISOLADA, Data de Publicação: 03/10/2014)

ADMINISTRATIVO. PROCESSUAL CIVIL. RECURSO ESPECIAL. AÇÃO CIVIL PÚBLICA. TAXA DE EXPEDIÇÃO DE DIPLOMA DE ENSINO SUPERIOR. DIREITO INDIVIDUAL HOMOGÊNEO DIVISÍVEL E DISPONÍVEL. ILEGITIMIDADE DO MINISTÉRIO PÚBLICO. 1. A hipótese dos autos versa sobre a legitimidade do Ministério Público Federal para propor ação civil pública visando reconhecer a ilegalidade da cobrança de taxa para a expedição de diploma universitário. 2. A jurisprudência desta Corte já se manifestou no sentido de que "o Parquet somente tem legitimidade para promover ação civil pública visando a defesa de direitos individuais homogêneos e disponíveis em casos restritos, quando houver interesse público relevante, o que não se configura no caso em apreço, porquanto essa traz consequências tão somente a um grupo específico de indivíduos"(Resp 683.705/PE, Rel. Min. Francisco Falcão, Primeira Turma, 21/11/2005), no caso, os graduandos da Faculdade de Ciências Humanas de Olinda – Facho e Faculdade Franssinetti do Recife – Fafire. 3. Na hipótese dos autos, a presente ação cuida de interesses com características de divisibilidade e disponibilidade, na salvaguarda de direitos de um determinado número de sujeitos ativos, quais sejam, formandos de instituições de ensino superior, sendo que estes devem obter a tutela de seus interesses por meio de ação própria. 4. Recurso especial não provido. (STJ – REsp: 1115112 PE 2009/0000350-4, Relator: Ministro BENEDITO GONÇALVES, Data de Julgamento: 13/10/2009, T1 – PRIMEIRA TURMA, Data de Publicação: – DJe 21/10/2009)

PROCESSUAL CIVIL E TRIBUTÁRIO. AÇÃO CIVIL PÚBLICA. IMPOSTO DE RENDA. GASTOS COM EDUCAÇÃO. DEDUÇÃO ILIMITADA. ILEGITIMIDADE PROCESSUAL DO MINISTÉRIO PÚBLICO. 1. O STJ possui o entendimento de que o Parquet não possui legitimidade processual para, em Ação Civil Pública, deduzir pretensão relativa a matéria tributária. 2. Agravo Regimental não provido. (STJ – AgRg no Ag: 1102503 SP 2008/0223062-6, Relator: Ministro HERMAN BENJAMIN, Data de Julgamento: 08/02/2011, T2 – SEGUNDA TURMA, Data de Publicação: *DJe* 02/03/2011)

PROCESSUAL CIVIL – AÇÃO CIVIL PÚBLICA – GESTÃO FRAUDULENTA DE CLUBE DE FUTEBOL (ATLÉTICO MINEIRO) – ASSOCIAÇÃO COM PERSONALIDADE DE DIREITO PRIVADO – OFENSA REFLEXA AO SISTEMA BRASILEIRO DO DESPORTO – ILEGITIMIDADE DO MINISTÉRIO PÚBLICO. 1. É entendimento desta Corte a legitimidade do Ministério Público para propor ação civil pública em defesa do patrimônio público, conceito que abrange aspectos material e imaterial, quando há direta lesão ao bem jurídico tutelado. 2. Somente de forma reflexa é atingido o patrimônio cultural, quando fraudada organização desportiva privada. 3. Inadequação da ação civil pública e ilegitimidade ativa ad causam do Ministério Público para a defesa do patrimônio ofendido. 4. Recurso especial não conhecido. (STJ – REsp: 1041765 MG 2008/0061230-6, Relator: Ministra ELIANA CALMON, Data de Julgamento: 22/09/2009, T2 – SEGUNDA TURMA, Data de Publicação: – DJe 06/10/2009)

APELAÇÃO CÍVEL – AÇÃO CIVIL COLETIVA – LEGITIMIDADE – MINISTÉRIO PÚBLICO – PROTEÇÃO DOS DIREITOS DO CONSUMIDOR – ACIDENTE – VÍTIMAS INDIVIDUALIZADAS – ILEGITIMIDADE CONSTATADA. – O ajuizamento da presente Ação Coletiva extrapola os limites de atuação do Ministério Público para defesa dos direitos dos consumidores do serviço de transporte da apelada, na medida em que as vítimas do acidente noticiado nos autos, além de individualmente identificadas, possuem necessidades próprias, cabendo a avaliação das particularidades de cada uma delas. (TJ-MG – AC: 10188150033499001 MG, Relator: Pedro Aleixo, Data de Julgamento: 02/03/2016, Câmaras Cíveis / 16ª CÂMARA CÍVEL, Data de Publicação: 11/03/2016)

Tal ilegitimidade, como forma de abuso, também se sucede quando o órgão apresenta ações civis públicas na Justiça do Trabalho, quando seriam mais bem representadas por sindicatos, associações de classes ou até pelo próprio reclamante:

AÇÃO CIVIL PÚBLICA. MINISTÉRIO PÚBLICO DO TRABALHO. ILEGITIMIDADE. Ação civil pública destina-se a tutelar interesses coletivos e difusos, quando desrespeitados direitos sociais constitucionalmente garantidos. Não se evidencia lesão a interesses difusos e coletivos quando a análise do pedido demanda o exame particularizado da situação de cada titular, razão pela qual revela-se configurada a falta de legitimidade ativa do Ministério Público. Inteligência dos arts. 129, III, da CF e 83 da LC 75/93. (TRT-1 – RO: 00101418020135010063 RJ, Relator: FERNANDO ANTONIO ZORZENON DA SILVA, Data de Julgamento: 03/06/2015, Segunda Turma, Data de Publicação: 22/06/2015)

AÇÃO CIVIL PÚBLICA. INTERESSES INDIVIDUAIS HOMOGÊNEOS. MINISTÉRIO PÚBLICO DO TRABALHO. ILEGITIMIDADE. Conquanto irrefutável o cabimento de ação civil pública na Justiça do Trabalho, trata-se de instituto concebido eminentemente para a tutela de interesses coletivos e difusos, quando desrespeitados os direitos sociais constitucionalmente garantidos. Ao órgão do Ministério Público do Trabalho não é dado manejá-la em defesa de interesses individuais homogêneos, cuja metaindividualidade exsurge apenas na forma empregada para a defesa em juízo. Embora de origem comum, trata-se de direitos materialmente divisíveis, razão pela qual a reparação decorrente da lesão sofrida pelo titular do direito subjetivo é sempre apurável individualmente. Exegese que se extrai da análise conjunta dos artigos 129, inciso III, da Constituição da República de 1988 c/c 83 da Lei Complementar n. 75/93. Embargos de que não se conhece". (TST-E-RR, Processo 596.135/99, Acórdão SBDI-1, Rel. Min. Georgenor de Souza Franco Filho, julgado em 30/9/2002, publicado no *DJU* de 25/10/2002)

Por vezes, quando a ilegitimidade da ação civil pública recai sobre o questionamento de políticas públicas, o abuso de direito é decorrente da tentativa do Ministério Público de usurpar a função do gestor público. O membro vale-se desse instrumento processual para questionar a discricionariedade da Administração e impor o seu entendimento pessoal sobre determinada situação, como se Chefe do Poder Executivo fosse. Vejamos:

PROCESSO CIVIL E ADMINISTRATIVO. EXTINÇÃO DA PRETENSÃO SEM RESOLUÇÃO DO MÉRITO. FALTA DE INTERESSE DE AGIR. ART. 267, VI, DO CPC. AÇÃO CIVIL PÚBLICA. ÁREA DE RISCO DE DESLIZAMENTO DE ENCOSTAS. PRETENSÃO DE IMPLANTAÇÃO E EXECUÇÃO DE POLÍTICAS PÚBLICAS REPRESSIVAS E PREVENTIVAS AOS DESLIZAMENTOS DE ENCOSTAS DE ÁREAS QUE APRESENTEM RISCO GEOLÓGICO. LEI N. 12.340/2010 1. Recurso especial em que se discute a falta de interesse de agir em ação civil pública cujo objeto é a implementação de políticas relacionadas à repressão e prevenção de deslizamentos de encostas de áreas que apresentem risco geológico. 2. Hipótese em que, ajuizada ação civil pública pelo Ministério Público Estadual, as instâncias de origem entenderam não haver interesse de agir na demanda, porquanto não demonstrada a omissão por parte do Poder Público. 3. Reconheceu-se, nos autos, que o Município do Rio de Janeiro tem adotado várias medidas para mitigar os riscos geológicos de diversas regiões da cidade. Tais medidas estão previstas no § 2º do art. 3º-A da Lei n. 12.340/2010. Desconstituir as premissas fáticas do Tribunal de origem, conforme pretende a parte recorrida, encontra óbice da Súmula n. 7 desta Corte Superior. 4. A sindicabilidade judicial sobre atos do Poder Executivo deve limitar-se, inicialmente, à verificação do cumprimento dos princípios da legalidade, legitimidade, devido processo legal, moralidade, proporcionalidade e razoabilidade. Em regra, é inviável que o Poder Judiciário aprecie o mérito de políticas governamentais. Nesse sentido: AgRg no REsp 1.479.614/PR, Rel. Ministro Mauro Campbell Marques, Segunda Turma, julgado em 03/03/2015, DJe 10/03/2015. 5. Conquanto se cuide de urgente necessidade de efetivação de políticas de contenção e prevenção de calamidades públicas, é razoável que se espere dos Entes Políticos responsáveis a continuidade da implementação das medidas cabíveis sem a necessidade de intervenção do Poder Judiciário. Recurso especial improvido. (STJ – REsp: 1518223 RJ 2015/0039966-8, Relator: Ministro HUMBERTO MARTINS, Data de Julgamento: 09/06/2015, T2 – SEGUNDA TURMA, Data de Publicação: *DJe* 19/06/2015)

A construção de cadeia pública diz respeito à conveniência e oportunidade administrativa, não cabendo a intervenção do Judiciário para impor, na lei orçamentária estatal, verba específica para tal obra (arts. 165 e 167, IV, CF). Se o pedido da ação civil pública é genérico no sentido de condenação do Estado a que destine verbas no orçamento para fins específicos, há clara ofensa ao princípio de separação dos poderes. O Judiciário não pode formular políticas públicas, que constituam matéria sob "reserva do governo"- ou que consubstanciem atos funcionalmente políticos. (Apelação civil nº 1.0433.03.070552-2/001 – Comarca de Montes Claros- Apelante: Estado de Minas Gerais – Apelado: Ministério Público do Estado de Minas Gerais – Relator: Exmo. Sr. Des. José Domingues Ferreira Esteves- Relator para o acórdão: Exmo. Sr. Des. José Francisco Bueno)

Constitui invasão intrometida de competência de poderes a determinação judicial que defere pedido de tutela antecipada na ação civil pública para inclusão no projeto de lei orçamentária municipal de verbas destinadas à construção de casas para deficientes e miseráveis. (Agravo nº 1.0024.07.760590-5/001 – Comarca de Belo Horizonte – Agravante: Município de Belo Horizonte – Agravado: Ministério Público do Estado de Minas Gerais – Relator: Exmo. Sr. Des. Belizário de Lacerda).

Essas considerações não têm por fim limitar ou atentar contra o direito de ação do Ministério Público. Reconhecemos sua extrema importância para o equilíbrio e segurança do Estado Democrático de Direito e para o exercício de suas funções constitucionais. O que pretendemos é apenas demonstrar que, não raras as vezes, o *parquet* utiliza-se dos instrumentos processuais de forma distorcida e inconsequente.

Quanto à presença do elemento subjetivo para a configuração do ato de abuso de direito, Maria Helena Diniz (2006, p. 39) entende necessário que: "(...) o infrator tenha conhecimento da ilicitude de seu ato, agindo com dolo, se intencionalmente preocupado em lesar alguém, ou culpa, se consciente dos prejuízos que advêm de seus atos, assume o risco de provocar evento danoso".

Por outro lado, para a teoria mais moderna, a intenção subjetiva do agente não é elemento essencial do ato de abuso de direito. Como acentua Aguiar Dias[60] (1983, p. 494 *apud* LEVY, 2015) a questão nuclear, no abuso de direito, é a antijuridicidade e não a culpabilidade da ação.

No âmbito processual, há quem sustente que é abusiva a conduta do autor que, podendo escolher entre duas ações, acaba optando, sem nenhum proveito objetivo, pela mais ofensiva e prejudicial à situação da parte contrária, ainda que a opção tenha sido involuntária, resultante de negligência ou imprudência. Outros sustentam que somente na hipótese de má-fé é que se pode cogitar o abuso. Assim, age amparado pela lei o autor que, tendo ao seu dispor duas ações ou duas vias para tornar efetivo o direito, escolhe circunstancialmente a mais gravosa (SOUZA, 2005, p. 128).

Para o presente trabalho, indiferente é a posição doutrinária adotada, uma vez que é possível encontrar, em algumas situações processuais ou extraprocessuais, o elemento da culpa ou do dolo na atuação do *parquet*, quando exerce suas prerrogativas de forma desarrazoada e desproporcional, além dos limites de seu poder, com evidente má-fé.

Por má-fé, segundo Nelson Nery Júnior e Rosa Maria de Andrade Nery (2007, p. 214), deve-se entender a intenção malévola de prejudicar, equiparada à culpa grave e ao erro grosseiro. É a intenção desamparada de qualquer utilidade prática ou útil, com o propósito único de tumultuar o normal trâmite processual ou de prejudicar a entrega da tutela jurisdicional ou a parte adversária.

A má-fé, a culpa ou o dolo podem ser percebidos quando a atuação do *parquet* está mais propensa a retaliar ou a perseguir

---

[60] AGUIAR DIAS, José de. *Da Responsabilidade Civil*. v. 2. Rio de Janeiro: Forense, 1983.

determinada pessoa ou acontecimento do que a proteger o bem ou a ordem pública. Tal elemento subjetivo não está presente em toda a atuação do Ministério Público, que é uma instituição séria e respeitável, mas podem ser encontrados, excepcionalmente, em alguns casos.

Por vezes, os membros do Ministério Público fazem pronunciamentos indevidos em congresso, palestras, entrevistas ou até em coletivas em *off* sobre fatos que não foram devidamente averiguados ou que, por determinação legal, estão protegidos por sigilo.

Nesse sentido, lembramos o episódio em que a "Lista de Janot", que incluía nomes de políticos investigados na Operação Lava Jato, foi vazada para a imprensa antes mesmo de chegar oficialmente ao conhecimento do ministro relator do caso no Supremo Tribunal Federal (COSTA, 2017).[61]

Há, de forma similar, ocasiões em que os procuradores e promotores divulgam na imprensa e em meios sociais, sem qualquer cabimento e utilidade, suas opiniões pessoais sobre determinada pessoa ou caso em nome da instituição.

Ali Mazloum, juiz federal em São Paulo, foi, por exemplo, acusado pelo Ministério Público Federal de envolvimento na Operação Anaconda[62] por venda de sentenças. Ficou afastado de seu cargo por três anos até o Supremo Tribunal Federal absolvê-lo por entender que tais denúncias eram ineptas. Em entrevista, o juiz conta que na época foram feitos diversos comentários a seu respeito nos meios de comunicação social, que tiveram grande impacto e repercussão em sua vida pessoal e profissional. A procuradora da República responsável por tais divulgações foi até mesmo condenada por calúnia pelo Supremo Tribunal de Justiça (LUCHETE, 2015).

---

[61] Transcrevem parte do texto de COSTA, 2017: "Das dezenas de envolvidos na investigação, vazaram para os jornalistas os mesmos 16 nomes de políticos – cinco ministros do atual governo, os presidentes da Câmara e do Senado, cinco senadores, dois ex-presidentes e dois ex-ministros. Eles estavam nas manchetes dos telejornais, das rádios, dos portais de internet e nas páginas da Folha e dos seus concorrentes "O Estado de S. Paulo", "O Globo" e "Valor". Por que tanta coincidência? A ombudsman apurou que a divulgação da chamada segunda lista de Janot se deu por meio do que, no mundo jornalístico, se convencionou chamar de "entrevista coletiva em off". Em geral, a informação em "off", aquela que determinada fonte passa ao jornalista com o gravador desligado e com proteção de anonimato, não se coaduna com a formalidade de uma entrevista coletiva – para a qual os jornalistas são convocados protocolarmente a ouvir determinada autoridade. Após receberem a garantia de que não seriam identificados, representantes do Ministério Público Federal se reuniram com jornalistas, em conjunto, para passar informações sobre os pedidos de inquérito, sob segredo, baseados nas delações de executivos da Odebrecht".

[62] A Operação Anaconda, realizada em 2003, pela polícia federal brasileira, desarticulou um esquema de venda de sentenças descoberto no estado de São Paulo. Foi considerada um dos maiores escândalos dentro do Poder Judiciário do país.

Essas situações não são apenas antijurídicas, por desrespeitarem a conduta moral exigida pelo cargo de procurador e promotor, mas são também dolosas e culposas, à medida que exorbitam a esfera de competência e legitimidade do Ministério Público para atender a vaidades pessoais de seus membros.

A publicidade demasiada experimentada pelo Ministério Público não é saudável para a sociedade e para a democracia. Ela atenta contra a atuação dos demais agentes do Estado e interfere em suas funções, influencia a opinião popular e faz política sem ter a legitimidade do voto.

Em outras ocasiões, o órgão, em uma tentativa desesperada de enquadrar determinada conduta como criminosa ou de condenar específica pessoa, utiliza-se de provas ilícitas, forjadas, propõe incessantes ações judiciais e inova em procedimentos e teorias para alcançar o objetivo almejado, lançando mão de uma verdadeira perseguição processual.

Essa atuação desvirtuosa está cada vez mais evidente no mundo jurídico e tem chamado a atenção do Poder Legislativo. Com o fim de reagir a tais abusos, foi apresentado o Projeto de Lei nº 6.745/2006[63] na Câmara dos Deputados, que visa impor regras à tramitação de inquéritos civis, sob a justificativa de que o Ministério Público, ao conduzir tais atos sem o controle do Poder Judiciário, tem exposto indevidamente detalhes da investigação para a imprensa, ofendendo sem qualquer justificativa e razoabilidade a imagem dos envolvidos.

No mesmo sentido, o Projeto de Lei nº 265/2007,[64] também apresentado na Câmara dos Deputados, pretende alterar a redação das Leis nºs 4.717/1965, 7.347/1985 e 8.429/1992, de modo a deixar expressa a responsabilidade de quem ajuíza ação civil pública, popular ou de improbidade de forma temerária, de má-fé, com manifesta intenção de promoção pessoal ou, então, visando a perseguição política.

Sob o mesmo pretexto, o Projeto de Lei nº 7.596/2017,[65] apresentado no Senado Federal, prevê a alteração das Leis nºs 7.960/1989; 9.296/1996; 8.069/1990 e 8.906/1994, para ampliar o alcance do crime de abuso de autoridade a todos os agentes públicos, inclusive e expressamente, aos membros do Ministério Público que pratiquem atos com a finalidade específica de prejudicar outrem ou de beneficiar a si mesmos ou a terceiros, ainda que por mero capricho ou satisfação pessoal.

---

[63] Até a presente data, o Projeto de Lei nº 6.734/2006 encontra-se na Mesa Diretora na Câmara dos Deputados.

[64] Até a presente data, o Projeto de Lei nº 265/2007 encontra-se na Comissão de Constituição e Justiça na Câmara dos Deputados.

[65] Até a presente data, o Projeto de Lei nº 7596/2017 encontra-se na Coordenação de Comissões Permanentes da Câmera dos Deputados.

A proposta lista ações que poderão ser consideradas abusivas, entre elas: a de obter provas por meios ilícitos; executar mandado de busca e apreensão em imóvel, mobilizando veículos, pessoal ou armamento de forma ostensiva, para expor o investigado a vexame; impedir encontro reservado entre um preso e seu advogado e decretar a condução coercitiva de testemunha ou investigado sem intimação prévia de comparecimento ao juízo.

Por fim, quanto ao elemento ou requisito do dano a terceiro, parte da doutrina civilista entende indispensável a sua presença para caracterizar o ato de abuso de direito. Isso porque o dano indenizável é um dos pressupostos da responsabilidade civil, contratual e extracontratual. Não existindo dano, o ato ilícito é irrelevante para o direito.[66]

No entanto, outra parte da doutrina entende que o abuso não exige como condição *sine qua non* de existência a ocorrência efetiva de um dano. Assevera Fernando Augusto Cunha de Sá[67] (2005, p. 462 *apud* LEVY, 2015) que a solução do problema da autonomia dogmática do abuso de direito tem sido essencialmente prejudicada pela particular perspectiva da responsabilidade civil. O ato abusivo nem sempre acarretará dano material ou moral, exigência indeclinável do ato ilícito. Entende-se que o ato pode causar prejuízo à vida individual e coletiva das pessoas, mas o prejuízo nem sempre ensejará indenização.

Os atos cometidos com abuso de direito pelo Ministério Público podem ou não gerar prejuízos a terceiros, o que possibilita a sua tipificação em qualquer uma das duas doutrinas apontadas. Quando presente o dano, este pode ser percebido em diferentes esferas, tanto na patrimonial ou moral, como na coletiva ou individual.

Nesse sentido, lembramos a corriqueira situação de acolhimento de pedido liminar em ação civil pública que questiona, de forma temerária, a regularidade de construção de metrô ou da ampliação de faixas em via pública, mesmo após devidamente aprovadas pelos órgãos técnicos e administrativos competentes. A paralisação repentina dessas obras causa não apenas prejuízos financeiros a empresa privada parceira da administração, mas a todos os cidadãos que são afetados no seu cotidiano pela falta de infraestrutura e mobilidade na região.

Seguindo o mesmo raciocínio, a divulgação inapropriada e inconsequente de fatos que ainda estão sendo apurados em investigações

---

[66] Filiado a essa teoria podemos citar: SILVIO, Rodrigues. *Direito Civil*. São Paulo: Saraiva, v. 1, 2003, p. 310 e DINIZ, Maria Helena. *Curso de Direito Civil Brasileiro*. São Paulo: Saraiva, 2006, v. 07, p. 39.

[67] CUNHA DE SÁ, Fernando Augusto. *Abuso de Direito*. Coimbra: Almedina, 2005.

penais ou civis ameaça drasticamente a estabilidade financeira, a imagem e a credibilidade de empresas privadas, públicas ou de economia mista. A JBS e a BRF, por exemplo, perderam juntas R$5,471 bilhões de seu valor de mercado e tiveram vários contratos internacionais de exportação suspensos do dia para a noite após a divulgação de detalhes não conclusivos da Operação Carne Fraca na mídia (OTTONI; LIS; TREVIZAN, 2017).

No âmbito pessoal, o dano é geralmente verificado pelo oferecimento de ações de improbidade administrativa genéricas, instauradas sem elementos de apoio, que mesmo julgadas improcedentes *a posteriori*, ao término da morosa lide, o prejuízo à imagem e à moral do réu fica entranhado no meio social que convive. É feita uma verdadeira devassa na vida pessoal e profissional do agente público e do particular (PARAGUASSU, 2010, p. 85).

Tamanha é a repercussão dessas ações de improbidade, que, por vezes, o Ministério Público a utiliza como forma de coagir moralmente os envolvidos. Não há dúvida de que a mera exposição de um indivíduo como requerido em ação civil pública ou investigado em inquérito civil gera substanciosa repercussão em sua honra. E justamente cientes disso, determinados membros aproveitam-se desse instrumento jurídico para impor o sentimento de apreensão, receio e temor com feição de ameaça aos agentes públicos.

Nesse sentido, Adilson Abreu Dallari (2001, p. 21) defende que:

> Não é dado à Administração Pública, nem ao Ministério Público, simplesmente molestar gratuitamente e imotivadamente qualquer cidadão por alguma suposta eventual infração da qual ele, talvez, tenha participado.
>
> (...)
>
> A experiência prática tem revelado a ocorrência desagradavelmente frequente de ações civis públicas totalmente despropositadas, que poderiam ter sido perfeitamente evitadas se o promotor público tivesse tido a mais mínima e elementar das cautelas, que é simplesmente ouvir o suposto infrator.
>
> A vida real cotidiana, da Administração Pública é um constante surgir de situações nas quais o agente público precisa resolver, de imediato, um determinado problema da melhor maneira possível. Muitas vezes o agente público, o agente do Executivo, o funcionário, o prefeito (que é o agente político mais vulnerável), recebe uma pressão direta da coletividade, e tem que tomar uma atitude que não é muito ortodoxa, da qual acaba tendo como resultado a propositura de uma ação civil pública, que seria perfeitamente evitável se ele fosse pelo menos ouvido, se ele fosse consultado, se houvesse um mínimo de verificação preliminar.

É um constrangimento, de qualquer maneira, para qualquer pessoa, ser processado. Uma autoridade pública, quando é processada, tem um desgaste muito maior que qualquer cidadão, porque o simples fato de ser processado tem grande repercussão política, afeta seriamente a vida publicada pessoa. Esse risco, bastante concreto, desestimula gente decente, honesta, correta, a ousar trabalhar na Administração Pública.

As mesmas considerações valem para a utilização banalizada dos institutos penais, como a prisão preventiva e a condução coercitiva, pelo *parquet* e pelo Poder Judiciário. Tão grave pode ser o dano moral causado nesses casos, que o reitor da Universidade Federal de Santa Catarina (UFSC), Luiz Carlos Cancellier de Olivo, após ter sido preso e afastado de seu cargo, cometeu suicídio. No bilhete que foi encontrado em seu bolso estava a seguinte mensagem: "Minha morte foi decretada no dia da minha prisão".

Ele foi acusado de atrapalhar as investigações da Corregedoria da UFSC sobre suposto desvio de R$80 milhões que seriam usados em cursos de Educação a Distância (EaD) da Universidade. Segundo a Diretoria do Conselho Federal da Ordem dos Advogados, não havia contra o reitor nenhuma acusação de corrupção. A acusação era de não ter dado sequência ao processo que apurava casos de corrupção antes de ele ser reitor da universidade, nos quais não teve qualquer participação. "Mesmo assim foi preso provisoriamente, impedido de ingressar na Universidade e teve sua imagem brutalmente exposta" (CONSULTOR JURÍDICO, 2017a).

Percebido o dano e verificado o seu nexo de causalidade, o Ministério Público deve ser responsabilizado pelos seus excessos. Isso pode ocorrer no curso da própria ação, pela condenação de litigância de má-fé e imposição de multa processual, em ação civil regressiva ou de improbidade, como alguns autores defendem, ou até mesmo em ação penal, se tipificado crime contra a honra. No entanto, não nos aprofundaremos sobre esse assunto que acaba por fugir do tema do trabalho.[68]

---

[68] Sobre o assunto, recomendamos a leitura de: PUOLI, José Carlos Baptista. MANCUSO, Rodolfo de Camargo (orient). *Responsabilidade civil do promotor de justiça na tutela a interesses metaindividuais*. são Paulo: Teses de Doutorado da Faculdade de Direito da Universidade de São Paulo, 02.06.2005; ALMEIDA, Juliana Duarte. A Responsabilidade pessoal do promotor de justiça por danos causados a terceiros. In: SILVA JÚNIOR, Arnaldo; PEREIRA, Rodrigo Ribeiro (Org.). *Limites de atuação do Ministério Público*: a defesa nas ações civis públicas. Belo Horizonte: Del Rey, 2010; e MATTOS, Mauro Roberto Gomes de. Responsabilidade civil do Poder Público pelo manejo indevido de ação de improbidade administrativa. *Fórum Administrativo – FA Direito Público*, Belo Horizonte, v. 4, n. 45, nov. 2004. Disponível em: http: //bdjur.stj.jus.br/dspace/handle/2011/32983.

Por fim, não nos interessa delimitar com exatidão por qual divisão doutrinária ocorreu o vício no ato, o importante é demonstrar que o Ministério Público comete abusos em sua atuação, seja por um caminho ou por outro.

A principal proposta do capítulo é expor essa realidade, difícil de ser configurada, pois os atos praticados com abuso de poder pelo *parquet* são consumados às escondidas e se apresentam disfarçados sob o capuz da legalidade e do interesse público. Para serem surpreendidos e identificados, devemos nos atentar aos indícios e circunstâncias que revelam a distorção do fim, dos meios ou das consequências desejadas pelo ordenamento jurídico.

CAPÍTULO 5

CONSIDERAÇÕES FINAIS – LIMITES DO GARANTISMO

Após explorarmos a questão do abuso de poder pelo Ministério Público, apontando as suas causas e a forma como se configura na prática, fazem-se pertinentes, para concluirmos o tema, algumas considerações adicionais.

Max Weber (*apud* FARIA, 1984, p. 82) já alertava para a existência de duas éticas. A ética de convicção e a ética de responsabilidade. A primeira é aquela pela qual os atos são justificados em nome dos fins a serem atingidos, ficando de lado qualquer preocupação maior quanto aos meios utilizados. A segunda é aquela em que a validade dos fins está condicionada à escolha dos meios.

O defensor da ética de convicção é o homem de princípios, animado unicamente do sentimento de obrigação para com o que considera como seu dever, sem levar em conta as consequências que poderiam acarretar a realização de seu ideal. Já o defensor da ética de responsabilidade considera os meios mais apropriados para atingir o fim desejado, consciente de sua responsabilidade para com os outros.[69]

Traçando um paralelo entre essas éticas e a problemática exposta neste trabalho, podemos afirmar que a atuação dos membros do Ministério Público está claramente orientada por uma ética de convicção, com o sacrifício do garantismo inerente à ética de responsabilidade.

---

[69] *Ibidem*, p. 103, cf. WEBER, Max. *Economia y sociedade*, p. 1047-1075; LEOWITH, Karl. *Weber's interpretation of burgeois-capitalistic world in terms of the guiding principles of "Rationalization"*; TRUBEK. David. Max Weber on Law and the Rise pf Capitalism. *Wisconsin Law Review*. Madison, 172, nº 3; COLLINS, R. *Weber's last theory of Capitalism: a systematization*.

Isso decorre, em parte, das transformações que a instituição sofreu ao longo da história. Inicialmente, o *parquet* assumia a feição de um órgão ligado intrinsicamente aos interesses da Coroa e do Poder Executivo. Com o passar do tempo e com a edição de novas leis, o órgão foi aos poucos assumindo novas competências e prerrogativas até conquistar as atribuições que tem hoje, com a promulgação da Constituição Federal de 1988.

Por influência do momento político de redemocratização do país e da luta institucional traçada pelo órgão na Constituinte de 1987-1988, a Carta confiou ao Ministério Público a defesa da ordem jurídica, do regime democrático e dos interesses sociais e individuais indisponíveis, além da competência privativa de promover a ação penal pública. Para exercer tal mister livre de qualquer influência, foi concedida autonomia financeira e administrativa à instituição, além de amplas prerrogativas aos seus membros, como a independência funcional.

Aliado a isso, as relações sociais tornaram-se mais complexas. O ordenamento jurídico teve de se adaptar a essa nova realidade. Os códigos revelaram-se rígidos demais para reger essas novas situações. Por isso, foram editadas inúmeras leis especiais, que incorporaram novos instrumentos ao ordenamento, ao mesmo tempo em que proliferam fórmulas e conceitos mais abertos e indeterminados.

A maioria dessas leis ampliou o campo de atuação discricionária do Ministério Público e reforçou o seu papel na sociedade. A Lei da Ação Civil Pública, por exemplo, assegurou ao órgão a defesa dos direitos difusos e coletivos e criou a figura do inquérito civil. O Estatuto da Criança e do Adolescente e o Código de Defesa do Consumidor, além de atribuírem novas funções, instituíram o Termo de Ajustamento de Conduta como o instrumento extrajudicial de atuação da instituição e a Lei nº 12.850/2013, que define organização criminosa e dispõe sobre a investigação criminal, trouxe para o direito brasileiro o instituto da delação premiada.

Diante desse cenário de amplos poderes, instrumentos e competências, o Ministério Público e os seus membros ganham um novo ânimo. Com uma mentalidade mais jovem e idealista, o órgão comprometeu-se a desempenhar fielmente sua função institucional e a perseguir todos objetivos idealizados pela Constituição, assumindo a posição de tutor da sociedade, nem sempre, contudo, agindo sob os ditames da responsabilidade.

Afinal, o Brasil, como um país emergente, enfrenta dificuldades das mais diversas ordens, que envolvem desde problemas sociais até escândalos de corrupção dentro de sua estrutura, o que demanda, de fato, uma atuação ativa e incisiva do *parquet*.

No entanto, a ausência de um efetivo controle interno e externo da instituição possibilita que os seus membros, por vezes, iniciem uma verdadeira expedição para alcançar os seus objetivos, sem medir os meios empregados e as consequências de seus atos.

Em determinadas situações, o Ministério Público, na ânsia de efetivar seus propósitos, exorbita sua esfera de competência, desconsidera os limites impostos ao seu poder e ofende as normas e os procedimentos previstos no ordenamento jurídico. O órgão age de forma ilegítima e atenta contra direitos fundamentais protegidos constitucionalmente. Verifica-se que há um evidente impasse entre os fins que a instituição busca e os meio que emprega para alcançá-los.

Nesse ponto, o *parquet* esquece que a mesma Constituição que prevê suas competências e prerrogativas é também uma Carta garantista, que assenta seus pilares nos princípios ordenadores do Estado de Direito e da dignidade humana e que prevê uma gama de direitos fundamentais destinados a assegurar a inviolabilidade do direito à vida, à liberdade, à igualdade, à segurança e à propriedade contra qualquer atuação arbitrária do Estado ou de terceiros.

O Estado de Direito, segundo uma das concepções da teoria geral do garantimo jurídico de Luigi Ferrajoli (2002, p. 683), deve ser entendido como aquele que se submete à legalidade em sentido estrito, que condiciona a legitimidade do exercício de qualquer poder por ela instituído a determinados conteúdos substanciais. Caracteriza-se, sob o plano epistemológico, como um sistema cognitivo ou de poder mínimo, sob o plano político, como uma técnica de tutela idônea a minimizar a violência e a maximizar a liberdade e, sob o plano jurídico, como um sistema de vínculos impostos à função punitiva do Estado em garantia dos direitos dos cidadãos.

Entendemos e compreendemos a preocupação do Ministério Público de efetivar sua missão institucional, de transformar a realidade social e de combater a corrupção, mas tais fins devem ser buscados por intermédio de meios jurídicos legítimos. A sua atuação pautada exclusivamente na ética de convicção tem, por vezes, configurado atos de abuso de poder na prática, como demonstrado neste trabalho.

Vivenciamos hoje a colisão de duas visões jurídicas distintas. De um lado, um modelo verificado pela consecução de resultado, segundo o qual os fins definem os meios, decorrente dessa ética de convicção e, de outro, o elemento da legalidade e do Estado de Direito, típica de uma moralidade garantista, pautada na ética de responsabilidade.

Essa dicotomia é prejudicial para sociedade e para a boa aplicação do direito. Cria-se um clima de instabilidade e incerteza, em que as garantias, os direitos, a moral e o princípio da segurança jurídica são colocados em xeque em uma análise de custo-benefício. Chegada a esta parte, cumpre atentar para uma avaliação crítica dos limites e das possibilidades de atuação do Ministério Público, além da legitimidade dos resultados obtidos e da observância dos procedimentos previstos e estabelecidos pela lei.

Não pretendemos com essas considerações diminuir a importância do Ministério Público no Estado Democrático de Direito. Elas também não devem ser entendidas como uma proposta para limitar seu exercício. O que alertamos é para a necessidade de se traçar uma inteligência adequada na atuação do *parquet*. É necessário estabelecer um equilíbrio entre essas duas visões e éticas, que permita uma atuação eficiente, mas sem ferir direitos e garantias, a fim de se evitar os abusos de poder que temos testemunhado.

REFERÊNCIAS

2º REUNIÃO Ordinária Realizada pela Comissão da Organização e Sistema de Governo Subcomissão do Poder Judiciário e do Ministério Público, 09/4/1987, Brasília. *Assembleia Nacional Constituinte (Atas de Comissões)*. Disponível em: http://www.senado. leg.br/publicacoes/anais/constituinte/3c%20-%20SUBCOMISS%C3%83O%20DO%20 PODER%20JUDICI%C3%81RIO.pdf. Acesso em: 07 de jun. de 2017.

AFFONSO, Julia. O corregedor do MP investiga promotores. *O Estado de S.Paulo*, São Paulo, 13 set 2018, Política, Caderno A, A4. Disponível em: http://digital.estadao.com. br/o-estado-de-s-paulo/20170403. Acesso em: 28 set. 2018.

AGUIAR JUNIOR, Ruy Rosado de. *O Ministério Público*: posição constitucional: conceito. Revista dos Tribunais, São Paulo, 1992.

ALMEIDA JUNIOR, João Mendes de. *Direito Judiciário brasileiro*. São Paulo: Livraria Freitas Bastos, 1960.

ALMEIDA, Fernanda Leão de. *A garantia institucional do ministério público em função da proteção dos direitos humanos*. 2010. São Paulo: Teses de Doutorado – Faculdade de Direito da Universidade de São Paulo, São Paulo, 2010.

ALMEIDA, João Batista de. *Aspectos controvertidos da ação civil pública*. 2. ed., rev., atual. e ampl. São Paulo: Revista dos Tribunais, 2009.

ALVARES, Jandira Maria Vannier Teixeira. *O abuso de poder*. Rio de Janeiro: América Jurídica, 2002.

ATHIAS, Gabriela. Febem reconhece existência de tortura. *Folha de S. Paulo*, São Paulo, 08 mar. 2001. Cotidiano. Disponível em: http://www1.folha.uol.com.br/fsp/cotidian/ ff0803200101.htm. Acesso em: 02 set. 2017.

ATUAL PGR tenta se autoafirmar como investigador. *O Estado de S.Paulo*, São Paulo, 13 ago. 2017. Política, Caderno A4, A12. Disponível em: http://digital.estadao.com. br/o-estado-de-s-paulo/20170813. Acesso em: 25 set. 2017. Entrevista a Marcio Adriano Anselmo.

BANALIZAÇÃO das prisões: após suicídio de reitor, OAB Crítica Espetacularização do Processo Penal. *Revista Consultor Jurídico*, 03 out 2017. Disponível em: http://www. conjur.com.br/2017-out-03/morte-reitor-oab-ataca-espetacularizacao-processo-penal. Acesso em: 21 nov. 2017.

BARROS, Cláudio. Abuso e omissões do Ministério Público e de seus membros. p. 213-237. *In*: RIBEIRO, Carlos Vinícius Alves (Org.). *Ministério Púbico*: reflexões sobre princípios e funções institucionais. São Paulo: Atlas, 2010.

BARROSO, Luís Roberto. *Temas de direito constitucional*. Rio de Janeiro: Renovar, 2001.

BERCOVICI, Gilberto. O controle externo do Judiciário e a soberania popular. *In*: TAVARES, André Ramos; LENZA, Pedro; ALARCÓN, Pietro de Jesús Lora (Coord.) *Reforma do Judiciário*: analisada e comentada: emenda constitucional 45/2004. São Paulo: Método, 2005.

BONAVIDES, Paulo. *Teoria do Estado*. 3. ed., 2. tir. São Paulo: Malheiros, 2008.

BORBA, Bibiana. Carne Fraca ainda não revelou 1% das fraudes, diz fiscal. *O Estado de S.Paulo*, São Paulo, 23 mar 2017, Caderno B, B17. Disponível em: http://digital.estadao.com.br/o-estado-de-s-paulo/20170323. Acesso em: 21 set. 2017.

BORGE DOS REIS, Solon. Sete pecados capitais ameaçam a Constituinte. *Estado de S. Paulo*, São Paulo, 22 jan. 1986, p. 34. Disponível em: http://acervo.estadao.com.br/. Acesso em: 29 jun. 2017.

BRASIL. Conselho Nacional do Ministério Público. Dispõe sobre instauração e tramitação do procedimento investigatório criminal a cargo do Ministério Público. *Diário Oficial da União*, Brasília, DF, Resolução nº 181, de 7 de agosto de 2017. Disponível em: http://www.cnmp.mp.br/portal/images/Resolucoes/Resolu%C3%A7%C3%A3o-181.pdf. Acesso em: 01 out. 2017.

BRASIL. *Constituição (1988)*. Constituição da República Federativa do Brasil 1988. Diário Oficial da União, Brasília, DF, Senado. 1988. Disponível em: http://www.planalto.gov.br/ccivil_03/constituicao/constituicaocompilado.htm. Acesso em: 26 set. 2017.

BRASIL. Decreto nº 848, de 11 de Outubro de 1890. Organiza a Justiça Federal. *Diário Oficial da União*, Brasília, DF. Disponível em: http://www2.camara.leg.br/legin/fed/decret/1824-1899/. Acesso em: 21 nov. 2017.

BRASIL. Lei de 29 de novembro de 1832. Promulga o Código do Processo Criminal de primeira instância com disposição provisória acerca da administração da Justiça Civil. *Diário Oficial da União*, Brasília, DF. Disponível em: http://www.planalto.gov.br/ccivil_03/leis/lim/LIM-29-11-1832.htm.Acesso em: 21 dez.2017.

BRASIL. Lei nº 10.406, de 10 de janeiro de 2002. Institui o Código Civil. *Diário Oficial da União*, Brasília, DF. Disponível em: http://www.planalto.gov.br/ccivil_03/leis/2002/L10406.htm. Acesso em: 09 set. 2017.

BRASIL. Lei nº 12.529, de 30 de novembro de 2011. Estrutura o Sistema Brasileiro de Defesa da Concorrência; dispõe sobre a prevenção e repressão às infrações contra a ordem econômica; altera a Lei nº 8.137, de 27 de dezembro de 1990, o Decreto-Lei nº 3.689, de 3 de outubro de 1941 – Código de Processo Penal, e a Lei nº 7.347, de 24 de julho de 1985; revoga dispositivos da Lei nº 8.884, de 11 de junho de 1994, e a Lei nº 9.781, de 19 de janeiro de 1999; e dá outras providências. *Diário Oficial da União*, Brasília, DF. Disponível em: http://www.planalto.gov.br/ccivil_03/_ato2011-2014/2011/Lei/L12529.htm. Acesso em: 26 set. 2017.

BRASIL. Lei nº 12.966, de 24 de abril de 2014. Altera a Lei nº 7.347, de 24 de julho de 1985 (Lei da Ação Civil Pública), para incluir a proteção à honra e à dignidade de grupos raciais, étnicos ou religiosos. *Diário Oficial da União*, Brasília, DF. Disponível em: http://www.planalto.gov.br/ccivil_03/_ato2011-2014/2014/lei/l12966.htm. Acesso em: 26 set. 2017.

BRASIL. Lei nº 13.105, de 16 de março de 2015. Código de Processo Civil. *Diário Oficial da União*, Brasília, DF. Disponível em: http://www.planalto.gov.br/ccivil_03/_ato2015-2018/2015/lei/l13105.htm. Acesso em: 26 set. 2017.

BRASIL. Lei nº 261, de 3 de dezembro de 1841. Reformando o Código do Processo Criminal. *Diário Oficial da União*, Brasília, DF. Disponível em: http://www.planalto.gov.br/ccivil_03/leis/lim/LIM261.htm. Acesso em: 21 dez. 2017.

BRASIL. Lei nº 4.717, de 29 de junho de 1965. Regula a ação popular. *Diário Oficial da União*, Brasília, DF. Disponível em: http://www.planalto.gov.br/ccivil_03/leis/L4717.htm. Acesso em: 09 out. 2017.

REFERÊNCIAS | 121

BRASIL. Lei nº 7.347, de 24 de julho de 1985. Disciplina a ação civil pública de responsabilidade por danos causados ao meio-ambiente, ao consumidor, a bens e direitos de valor artístico, estético, histórico, turístico e dá outras providências. *Diário Oficial da União*, Brasília, DF. Disponível em: http://www.:planalto.gov.br/ccivil_03/leis/l7347orig. htm. Acesso em: 26 set. 2017.

BRASIL. Lei nº 8.078, De 11 De Setembro De 1990. Dispõe sobre a proteção do consumidor e dá outras providências. *Diário Oficial da União*, Brasília, DF. Disponível em: http://www. planalto.gov.br/ccivil_03/leis/L8078.htm. Acesso em: 26 set. 2017.

BRASIL. Projeto de Lei nº 265/2007, Altera as Leis nºs 4.717, de 29 de junho de 1965, 7.347, de 24 de julho de 1985 e 8.429, de 2 junho de 1992, de modo a deixar expressa a responsabilidade de quem ajuíza ação civil pública, popular e de improbidade temerárias, com má-fe, manifesta intenção de promoção pessoal ou visando perseguição política.. *Diário Oficial da União*, Brasília, DF; Câmara dos Deputados, apresentado em 01 mar. 2007. Disponível em: http://www.camara.gov.br/proposicoesWeb/fichadetramitacao?i dProposicao=343100. Acesso em: 18 nov. 2017.

BRASIL. Projeto de Lei nº 4850/2016. Estabelece medidas contra a corrupção e demais crimes contra o patrimônio público e combate o enriquecimento ilícito de agentes públicos. Apresentado em 29 mar. 2016, *Diário Oficial da União*, Brasília, DF: Câmara dos Deputados. Disponível em: http://www.camara.gov.br/proposicoesWeb/fichadetramitacao?idPropo sicao=2080604. Acesso em: 01 out. 2017.

BRASIL.. Projeto de Lei nº 6.745/2006, Altera dispositivos da Lei nº 7.347, de 24 de julho de 1985, para instituir o controle judicial sobre os inquéritos civis, e dá outras providências, apresentado em 15 mar. 2006. *Diário Oficial da União*, Brasília, DF, Câmara dos Deputados. Disponível em: http://www.camara.gov.br/proposicoesWeb/fichadetramitacao?idPropo sicao=317499. Acesso em: 18 nov. 2017.

BRASIL. Projeto de Lei nº 7596/2007, Dispõe sobre os crimes de abuso de autoridade e altera a Lei nº 7.960, de 21 de dezembro de 1989, a Lei nº 9.296, de 24 de julho de 1996, a Lei nº 8.069, de 13 de julho de 1990, e a Lei nº 8.906, de 4 de julho de 1994, apresentado em 10 maio 2017. *Diário Oficial da União*, Brasília, DF; Senado Federal. Disponível em: http://www.camara.gov.br/proposicoesWeb/fichadetramitacao?idProposicao=2136580. Acesso em: 18 nov. 2017.

BRASIL. Supremo Tribunal Federal. ARE 725.491 AgR, rel. min. Luiz Fux, j. 26-5-2015, 1ª T, DJE de 15-6-2015. Brasília, DF. Disponível em: http://www.stf.jus.br/portal/constituicao/ artigoBd.asp#visualizar. Acesso em: 25 set. 2017.

BRASIL. Supremo Tribunal Federal. HC 67759, Relator(a): Min. CELSO DE MELLO, Tribunal Pleno, julgado em 06/08/1992. Disponível em: http://www.stf.jus.br/portal/ constituicao/artigoBd.asp#visualizar. Acesso em: 25 set. 2017.

CAPEZ, Fernando. *Limites constitucionais à Lei de Improbidade*. São Paulo: Saraiva, 2010.

CAPISTRANO, Marcio Anderson Silveira. O Conselho Nacional do Ministério Público e o princípio da independência funcional dos membros do parquet. *Conteúdo Jurídico*, Brasília, DF: 28 abr. 2015. Disponível em: http://www.conteudojuridico.com. br/?artigos&ver=2.53328&seo=1. Acesso em: 29 set. 2017.

CARVALHO, Cassio Martins da Costa. O Judiciário, O Ministério Público e a Constituinte. *O Estado de S.Paulo*, São Paulo, 01 set. 1987, p. 38. Disponível em: http://acervo.estadao. com.br/. Acesso em 29 jun. 2017.

CASAGRANDE, Cássio. *Ministério Público e a judicialização da política estudos de casos*. Porto Alegre: Sergio Antonio Fabris Editor, 2008.

CASTILHO, Ricardo. *Acesso à justiça tutela coletiva de direitos pelo Ministério Público:* uma nova visão. São Paulo, Atlas, 2006.

CHIOVITTI, Ana Paula. *A boa-fé no processo civil e os mecanismos de repressão ao dolo processual.* 2009. 210 f. Dissertação (Mestrado em Direito) – Pontifícia Universidade Católica de São Paulo, São Paulo, 2009.

COMPLOIER, Mylene. O Ministério Público e Assembleia Nacional Constituinte: as origens de um texto inovador. *Interfaces Científicas- Direito,* Aracaju, v. 3, n. 3, p. 69-84, jun. 2015. Disponível em: https://periodicos.set.edu.br/index.php/direito/article/viewFile/2128/1236. Acesso em: 19 out. 2016.

CONSELHO NACIONAL DO MINISTÉRIO PÚBLICO. *Relatório Anual CNMP 2016 Versão Sintética.* Brasília: CNMP, 2017. Disponível em: http://www.cnmp.mp.br/portal/institucional/relatorios-de-atuacao. Acesso em: 15.09.2017.

CONSELHO NACIONAL DO MINISTÉRIO PÚBLICO. *Relatório executivo do CNMP 2013-2017.* Conselho Nacional do Ministério Público. – Brasília: CNMP, 2017. 140 p. il. Disponível em: http://www.cnmp.mp.br/portal/images/Publicacoes/documentos/2017/RELATORIO_EXECUTIVO_2013_2017_WEB.pdf. Acesso em: 27 set. 2017.

COSTA, Leonel Carlos da. Termo de ajustamento de conduta (TAC) e algumas observações sobre o seus limites. *Revista Jus Navigandi,* ISSN 1518-4862, Teresina, ano 19, n. 4140, 1 nov. 2014. Disponível em: https://jus.com.br/artigos/30469. Acesso em: 8 out. 2017.

COSTA, Paula Cesariano. Um jato de água fria. *Folha de S. Paulo.* São Paulo. 19 mar. 2017. Disponível em: http://www1.folha.uol.com.br/colunas/paula-cesarino-costa-ombudsman/2017/03/1867852-um-jato-de-agua-fria.shtml?loggedpaywall. Acesso em: 20 nov. 2017.

COUTINHO, Mateus. Ações civis da Lava Jato cobram quase R$ 70 bi. *O Estado de S.Paulo,* São Paulo, 03 abril 2017, Política, Caderno A, A4. Disponível em: http://digital.estadao.com.br/o-estado-de-s-paulo/20170403. Acesso em: 21 set. 2017.

CRETELLA JUNIOR, José. *O desvio de poder na Administração Pública.* Rio de Janeiro: Forense, 1997.

CURY, Teo; AFFONSO, Julia. Corregedor do MP investiga promotores. *O Estado de São Paulo,* São Paulo, 12 set 2018, Caderno A, A12. Disponível em: https://digital.estadao.com.br/o-estado-de-s-paulo/20180913. Acesso em: 28 set. 2018.

DAL POZZO, Antônio Ferraz. Garantias Legítimas. *Folha de S.Paulo,* São Paulo, 11 ago. 1989, p. 3. Disponível em: http://acervo.folha.uol.com.br/. Acesso em: 29 jun. 2017.

DALLARI, Adilson Abreu. Formalismo e abuso de poder. *Revista Brasileira de Direito Público – RBDP,* Belo Horizonte, 2008. ano 6, n. 21, abr./jun. 25 p.

DALLARI, Adilson Abreu. Limitações à atuação do ministério público. *In:* BUENO, Cassio Scarpinella; PORTO FILHO, Pedro Paulo de Rezende (Org.). *Improbidade administrativa:* questões polêmicas e atuais. São Paulo: Malheiros, 2001.

DI PIETRO, Maria Sylvia Zanella. *Direito Administrativo.* 26. ed. 2. impr. São Paulo: Atlas, 2013.

DI PIETRO, Maria Sylvia Zanella. Limites do controle externo da Administração Pública: ainda é possível falar em discricionariedade administrativa?. Belo Horizonte, *Revista Brasileira de Direito Público.* Belo Horizonte, v. 11, n. 42, p. 9-24, jul./set. 2013.

DINAMARCO, Pedro da Silva. *Ação civil pública.* São Paulo: Saraiva, 2001.

DINIZ, Maria Helena. *Curso de Direito Civil brasileiro*. São Paulo: Saraiva, 2006. v. 7.

DUARTE, Fabrício Souza. A relação entre o Ministério Público e a imprensa: limites e abusos. *In:* SILVA JÚNIOR, Arnaldo; PEREIRA, Rodrigo Ribeiro (Org.). *Limites de atuação do Ministério Público:* a defesa nas ações civis públicas. Belo Horizonte: Del Rey, 2010.

FARAH, Elias. Ministério Público. Grandezas e fraquezas: virtudes e desmandos. *Revista do Instituto dos Advogados de São Paulo*, São Paulo, v. 11, jan./jun. 2003.

FARIA, J. E. C. O. *Eficácia jurídica e violência simbólica:* o direito como instrumento de mudança social. Ed. Particular, 1984.

FERRAJOLI, Luigi. *Direito e razão:* teoria do garantismo penal. São Paulo: Revista dos Tribunais, 2002.

FERRAZ JUNIOR, Tercio Sampaio. *Introdução ao estudo do direito:* técnica, decisão, dominação. 4. ed. São Paulo: Atlas, 2003.

FERREIRA JORDÃO, Eduardo. *Repensando a teoria do abuso de direito*. Salvador. Juspodivm, 2006.

FERREIRA, Daniel. *A função administrativa e seu regime jurídico*. Curitiba: Faculdade de Direito de Curitiba, 1999.

FIGUEIREDO, Marcelo. Não há quem fiscalize desvios de membros do MP. *Revista Consultor Jurídico*, 13 ago. 2013. Disponível em: https://www.conjur.com.br/2013-ago-13/ marcelo-figueiredo-nao-quem-fiscalize-desvios-cometidos-membros-mp. Acesso em: 30 out. 2010.

FORNACIARI, Flávia Hellmeister Clito. *Representatividade adequada nos processos coletivos*. 2010, São Paulo. Teses de Doutorado – Faculdade de Direito da Universidade de São Paulo, São Paulo, 2010.

FRANÇA, Phillip Gil. SARLET, Ingo Wolfgang (pref). MARINONI, Luiz Guilherme (apres). *O controle da administração pública tutela jurisdicional, regulação econômica e desenvolvimento*. 2. ed., rev., atual. e ampl. São Paulo: Revista dos tribunais, 2010.

GABRIEL, José Luciano. Finalidades da Filosofia do Direito. Âmbito Jurídico, Rio Grande, XV, n. 100, maio 2012. Disponível em: http://www.ambito-juridico.com.br/ site/?n_link=revista_artigos_leitura&artigo_id=11700. Acesso em: 10 jul. 2016.

GARRIDO, Ayra Guedes. A atuação do Ministério Público Militar durante a Ditadura Militar (1964-1979). *XXIX Simpósio de História Nacional*, jul. 2017. Disponível em: https:// www.snh2017.anpuh.org/resources/anais/54/1502736430_ARQUIVO_Textoanpuh.pdf. Acesso em: 10 abr. 2018.

GOMES, Orlando. *Introdução ao Direito Civil*. Rio de janeiro: Forense, 2000.

GRANJA, Cícero Alexandre. O ativismo judicial no Brasil como mecanismo para concretizar direitos fundamentais sociais. Âmbito Jurídico, Rio Grande, XVI, n. 119, dez 2013. Disponível em: http://www.ambito-juridico.com.br/site/?n_link=revista_artigos_ leitura&artigo_id=14052. Acesso em: 10 jul. 2016.

GUIMARÃES. Bernardo Strobel. A justa causa nas ações coletivas. *In:* RIBEIRO, Carlos Vinício Alves (Org.). *Ministério Púbico:* reflexões sobre princípios e funções institucionais. São Paulo: Atlas, 2010.

JUIZ Ali Mazloum fala sobre operação anaconda. *Consultor Jurídico*. 23 fev. 2011. Disponível em: https://www.conjur.com.br/2011-fev-23/juiz-federal-ali-mazloum-revela-detalhes-operacao-anaconda. Acesso em: 18 nov. 2017.

JUSTEN FILHO, Marçal. *Curso de Direito Administrativo*. 8. ed., rev., ampl., e atual. Belo Horizonte: Fórum, 2012.

KAHMANN, Andrea Cristiane. O Ministério Público e seu posicionamento em frente aos poderes do estado: uma análise sob a ótica do Direito Constitucional Comparado. *Revista Fundação Escola Superior do Ministério Público Distrito Federal e Território*, Brasília, ano 12, v. 23, p. 11-27, jan./dez. 2004. Disponível em: http://www.escolamp.org.br/arquivos/revista_23_01.pdf. Acesso em: 27 out. 2016.

KERCHE, Fábio. Autonomia e discricionariedade do Ministério Público no Brasil. *DADOS – Revista de Ciências Sociais*, Rio de Janeiro, v. 50, n. 2, p. 259-279, 2007.

KERCHE, Fábio. O Ministério Público e a constituinte de 1987/88. *In*: SADEK, Maria Tereza (Org.). *O sistema de justiça*. Rio de Janeiro: Centro Edelstein de Pesquisas Sociais, 2010. Disponível em: http://books.scielo.org/id/59fv5/pdf/sadek-9788579820397-04.pdf. Acesso em: 26 out. 2016.

KERCHE, Fábio. O *Ministério Público no Brasil*: autonomia, organização e atribuições. 2003, Tese de Doutorado - Departamento de Ciência Política da Universidade de São Paulo, São Paulo, 2003.

KERCHE, Fábio. O Ministério Público no Brasil: relevância, características e uma agenda para o futuro. *Revista USP*, São Paulo, n. 101, p. 113-120, 2014.

LACERDA, Galeno. Limites à atuação do Ministério Público, no que concerne ao inquérito civil e a Ação Civil Pública: limites do controle da atividade bancária. Distinção entre operação e serviços de bancos. Só os serviços que se enquadram nas relações de consumo sujeitos à fiscalização do MP. *In*: ARNOLDO, Wald (Org.). *Aspectos polêmicos da ação civil pública*. São Paulo: Saraiva, 2007.

LAUTENSCHLÄGER, Milton Flávio de Almeida Camargo. *Abuso de Direito*. São Paulo: Atlas, 2007.

LEMGRUBER, Julita; RIBEIRO, Ludmila; MUSUMECI, Leonarda; DUARTE, Thais. *Ministério Público*: guardião da democracia brasileira?. Rio de Janeiro: CESeC, 2016. Disponível em: https://www.ucamcesec.com.br/livro/ministerio-publico-guardiao-da-democracia-brasileira/. Acesso em: 22 set. 2017.

LEVY, José Luiz. *A vedação ao abuso de direito como princípio jurídico*. São Paulo: Quartier Latin, 2015.

LIMITES do controle pelo Ministério Público. *Jota*. 08 maio 2015. Disponível: em: https://jota.info/justica/os-limites-do-controle-08052015. Acesso em: 06 nov. 2017.

LUCHETE, Felipe. Resquícios da Satiagraha: procuradora da república é condenada pelo STJ por caluniar juiz em blog. *Consultor Jurídico*, 20 maio 2015. Disponível em: https://www.conjur.com.br/2015-mai-20/procuradora-condenada-stj-caluniar-juiz-blog. Acesso em: 18 nov. 2017.

MACEDO JÚNIOR, R. P. A evolução institucional do Ministério Público Brasileiro. *In*: SADEK, Maria Thereza (Org.). *In*: *Uma introdução ao estudo da Justiça*. Rio de Janeiro: Centro Edelstein de Pesquisas Sociais, 2010. p. 65-94. Disponível em: http://books.scielo. org. Acesso em: 30 set. 2016.

MAHMOUD, Mohamad Ale Hasan. *O abuso de poder no Direito Penal brasileiro*. Brasília: Instituto Brasiliense de Direito Público IDP Ltda., 2014. Disponível em: hhttp://www.idp. edu.br/publicacoes/portal-deebooks/2217-o-abuso-de-poder-no-direito-penal-brasileiro. Acesso em: 23 ago. 2017.

MARQUES NETO, Floriano de Azevedo; ALMEIDA, Fernando Dias Menezes de; NOHARA, Irene Patrícia; MARRARA, Thiago; DALLARI, Adilson de Abreu (Org.). *Direito e Administração Pública*: estudos em homenagem a Maria Sylvia Zanella Di Pietro. São Paulo: Atlas, 2013.

MARTINS, Fernando Rodrigues. *Controle do patrimônio público*: comentários à Lei de Improbidade Administrativa. 3. ed. rev., atual. e ampl. São Paulo: Revista dos Tribunais, 2009.

MAZZILLI, Hugo Nigro. A natureza das funções do Ministério Público e a sua posição no processo penal. *Revista dos Tribunais*, São Paulo, v. 91, n. 805, p. 464-471, nov. 2002.

MAZZILLI, Hugo Nigro. *Manual do promotor de Justiça*, 2. ed., ampl. e atual. São Paulo: Saraiva, 1999.

MAZZILLI, Hugo Nigro. O princípio da obrigatoriedade e o Ministério Público. *Migalhas*, 14 set. 2007. Disponível: em: http://www.mazzilli.com.br/pages/artigos/obrigat.pdf. Acesso em: 10 out. 2017.

MAZZILLI, Hugo Nigro. *Regime jurídico do Ministério Público*. 6. ed. rev. ampl. e atual. São Paulo: Saraiva, 2007.

MEDAUAR, Odete. *Direito Administrativo moderno*. 14. ed., rev., atual. e ampl. São Paulo, Revista dos Tribunais, 2010.

MELLO, Celso Antônio Bandeira de. *Curso de Direito Administrativo*. 30. ed. São Paulo: Malheiros, 2013.

MELLO, Celso Antônio Bandeira de. *Discricionariedade e controle jurisdicional*. São Paulo: Malheiros, 1992.

MELO, André Alves de. O Ministério Público no mundo. *Migalhas*, 06 dez. 2006. Disponível em: http://www.migalhas.com.br/dePeso/16,MI33277,91041-O+Ministerio+Publico+no+mundo. Acesso em: 24 jul. 2017.

MELO, Natália Maria Leitão de. *Quem controla os controladores?*: independência e *accountability* no Ministério Público Brasileiro. 2010, 97f. Tese de Mestrado – Departamento de Ciências Políticas Universidade Federal de Pernambuco, Recife, 2010.

MEYER-PFLUG, Samantha. O Ministério Público na Constituição Federal de 1988. *Revista Jurídica da Escola Superior do Ministério Público de São Paulo*, p. 180-192, v. 2, 2012. Disponível em: http://www.esmp.sp.gov.br/revista_esmp/index.php/RJESMPSP/article/view/46. Acesso em: 26 out. 2016.

MINISTÉRIO PÚBLICO FEDERAL. Procuradoria da República no Rio Grande do Sul. Procuradoria Regional dos Direitos do Cidadão. Recomendação PRDC/RS nº 21/201. PP nº 1.29.000.002998/2017-60. Porto Alegre, 28 de setembro de 2017.

MINISTRO quer rever também poder de investigação do MP. *O Estado de S.Paulo*, São Paulo, 16 ago. 2017. Política, Caderno A4, A6. Disponível em: http://digital.estadao.com. br/o-estado-de-s-paulo/20170816. Acesso em: 25 set. 2017.

MORAES, Alexandre de. *Direito Constitucional*. 10. ed. São Paulo: Atlas, 2001.

MORAES, Alexandre de. Princípio da eficiência e o controle jurisdicional dos atos administrativos discricionários. *Revista de Direito Administrativo*, São Paulo, n. 243, set./dez. 2006.

MORAES, Antônio Carlos Flores de. *Legalidade, eficiência e controle da Administração Pública*. Belo Horizonte: Fórum, 2007.

MOREIRA NETO, Diogo de Figueiredo. Novo referencial no Direito Administrativo: do controle da vontade ao do resultado: a juridicização dos resultados na Administração Pública. *Fórum Administrativo – Direito Público – FA*, Belo Horizonte, ano 6, n. 67, set. 2006. Disponível em: http://www.bidforum.com.br/bid/PDI0006.aspx?pdiCntd=37401. Acesso em: 27 nov. 2017.

MOTTA, Fabrício Macedo. *A função normativa da Administração Pública brasileira*. 2007. Tese de Doutorado – Faculdade de Direito da Universidade de São Paulo, São Paulo, 2007.

MOURA, Rafael Moraes; ARAUJO, Carla; BULLA, Beatriz. Gilmar prevê revisão de delações; Barroso crê em "independência". *O Estado de S.Paulo*, São Paulo, 19 set. 2017. Política, Caderno A4, A6. Disponível em: http://digital.estadao.com.br/o-estado-de-s-paulo/20170919. Acesso em: 22 set. 2017.

MP Errou ao não periciar no ato os áudios da JBS. Entrevista a Carlos Eduardo Sobral. *O Estado de S.Paulo*, São Paulo, 18 set 2017. Caderno C. Disponível em: http://digital.estadao.com.br/o-estado-de-s-paulo/20170918. Acesso em: 25 set. 2017.

MTP Processa SBT por violação à intimidade e discriminação de gênero. *Carta Capital*, 25 out 2017. Disponível em: https://www.cartacapital.com.br/blogs/midiatico/mpt-processa-sbt-por-violacoes-a-intimidade-e-discriminacao-de-genero. Acesso em: 19 nov. 2017.

NADER, Paulo. *Curso de Direito Civil*. Parte Geral – vol. 1. Rio de Janeiro: Forense, 2004.

NADER, Paulo. *Filosofia do Direito*. 14. ed. Rio de Janeiro: Forense, 2005.

NERY JÚNIOR, Nelson; NERY, Rosa Maria de Andrade (Org.). *Código de Processo Civil Comentado*. 10. ed. São Paulo: Revista dos Tribunais, 2007.

O RETRATO do MP. *O Estado de S.Paulo*, São Paulo, 12 dec. 2016. Notas e informações, Caderno A, A3. Disponível em: http://digital.estadao.com.br. Acesso em: 22 set. 2017.

OLIVEIRA, Dinalva Souza de. Natureza jurídica do abuso de direito à luz do Código Civil de 2002. Âmbito Jurídico, Rio Grande, XVI, n. 117, out 2013. Disponível em: http://www.ambitojuridico.com.br/site/?n_link=revista_artigos_leitura&artigo_id=13690. Acesso em: 02 nov. 2017.

OLIVEIRA, Suzana Fairbanks Lima de. *A racionalização da atividade do Ministério Público no processo civil*. Dissertação de Mestrado – Faculdade de Direito da Universidade de São Paulo, São Paulo, 2008.

OTTONI, Luis; LIS, Laís; TREVIZAN, Karina. Um mês após Operação Carne Fraca, JBS e BRF perdem R$5,5 bi em valor de mercado. *G1Globo*. 17 abril 2017. Disponível em: https://g1.globo.com/economia/agronegocios/noticia/um-mes-apos-operacao-carne-fraca-jbs-e-brf-perdem-r-5-bi-em-valor-de-mercado.ghtml. Acesso em: 21 nov. 2017.

PALU, Oswaldo Luiz. Ministério Público: suas atribuições constitucionais e a ação civil pública: considerações. *Justitia*, São Paulo, v. 62, n. 189/192, p. 247-262, jan./dez. 2000. Disponível em: http://bdjur.stj.jus.br/dspace/handle/2011/23878. Acesso em: 24 ago. 2016.

PARAGUASSU. Geordano. A utilização indevida da ação civil pública. *In*: SILVA JÚNIOR, Arnaldo; PEREIRA, Rodrigo Ribeiro (Org.). *Limites de atuação do Ministério Público*: a defesa nas ações civis públicas. Belo Horizonte: Del Rey, 2010.

PEREIRA, Rodrigo Ribeiro. As Ações penais nos crimes de licitação: o abuso na atuação do Ministério Público. *In*: SILVA JÚNIOR, Arnaldo; PEREIRA, Rodrigo Ribeiro (Org.). *Limites de atuação do Ministério Público*: a defesa nas ações civis públicas. Belo Horizonte: Del Rey, 2010.

PERES, Tatiana Bonatti. Abuso de direito. *Revista dos Tribunais Online. Revista de Direito Privado*, v. 43, p. 9-71, jul./set. 2010.

PIRES, Breno; MOURA, Rafael Moraes. Gilmar acusa Procuradoria por crime de vazamento. *O Estado de S.Paulo*, A4, 14 mar 2017. Disponível em: http://digital.estadao.com.br/search?query=gilmar%20acusa&in=ALL&date=Anytime&hideSimilar=0. Acesso em: 21 set. 2017.

PRECEDENTE Pedagógico. *O Estado de S.Paulo*, São Paulo, 27 ago. 2017. Notas e Informações, Caderno A, A3. Disponível em: http://digital.estadao.com.br/o-estado-de-s-paulo/20170827r. Acesso em: 22 set. 2017.

PRETEL, Mariana Pretel e. A boa-fé: conceito, evolução e caracterização como princípio constitucional. *Revista Jus Navigandi*, ISSN 1518-4862, Teresina, ano 12, n. 1565, 14 out. 2007. Disponível em: https://jus.com.br/artigos/10519. Acesso em: 22 nov. 2017.

PROCEDIMENTO não é inquérito. *O Estado de S.Paulo*, São Paulo, 30 jul. 2017. Notas e Informações. Caderno A, A3, Disponível em: http://digital.estadao.com.br/o-estado-de-s-paulo/20170730. Acesso em: 26 set. 2017.

PROFISSÕES jurídicas: Magistrado do Ministério Público (Staatsanwalt). *E-Justice Europa*, 04.04.2013. Disponível em: https://e-justice.europa.eu/content_legal_professions-29-de-pt.do?member=1. Acesso em: 24.07.2017.

PUOLI, José Carlos Baptista. *Responsabilidade civil do promotor de justiça na tutela a interesses meta individuais*. 2005. Teses de Doutorado – Faculdade de Direito da Universidade de São Paulo, São Paulo, 2005.

QUEBROU-SE o Mito. *O Estado de S.Paulo*, São Paulo, 20 set. 2017. Notas e Informações. Caderno A, A3. Disponível em: http://digital.estadao.com.br/search?query=minist%C3%A9rio%20p%C3%BAblico&languages=pt&hideSimilar=0. Acesso em: 22 set. 2017.

RAMOS, José Saulo Pereira. Os arquivos da ditadura guardam segredos incômodos para o MP. *Revista Consultor Jurídico*, 19 de janeiro de 2005. Disponível em: https://www.conjur.com.br/2005-jan-19/abrirem_arquivos_maior_surpesa_mp. Acesso em: 28 set. 2018.

REALE, Miguel. *Filosofia do Direito*. 19. ed. São Paulo: São Paulo, 2002.

REALE, Miguel. Privilégios incabíveis. *Folha de S.Paulo*, São Paulo, 04 ago. 1989, p. 3. Disponível em: http://acervo.folha.uol.com.br/ . Acesso em: 29 jun. 2017.

RIBEIRO, Carlos Vinícius Alves (Org.). *Ministério Público*: reflexões sobre princípios e funções institucionais. São Paulo: Atlas, 2010.

RIBEIRO, Carlos Vinícius Alves; DI PIETRO, M. S. Z. *As funções extrajudiciais do Ministério Público, natureza jurídica, discricionariedade e limites*. 2011. 193f. Dissertação de Mestrado – Faculdade de Direito da Universidade de São Paulo, São Paulo, 2011.

ROCHA JUNIOR, Paulo Sérgio Duarte da. *Controle jurisdicional de políticas públicas*. 2008. 134f. Dissertação de Mestrado – Faculdade de Direito da Universidade de São Paulo, São Paulo, 2011.

RODRIGUES, Geisa de Assis. *Ação civil pública e termo de ajustamento de conduta teoria e prática*. 2. ed. Rio de Janeiro: Forense, 2006.

ROMANO. Roberto. Fala reforça ideia do Ministério Público como tutor do cidadão. *O Estado de S.Paulo*, São Paulo, 19 set 2017. Política, Caderno A, A4. Disponível em: http://digital.estadao.com.br/o-estado-de-s-paulo/20170919 . Acesso em: 22 set. 2017.

ROSA, Roberto. *Do abuso de direito ao abuso de poder*. São Paulo: Malheiros Editores, 2011.

ROSA, Vera; FARIA, Thiago. O Planalto usa CPI para atacar delações. *O Estado de S.Paulo*, São Paulo, 11 set 2017. Política, Caderno A4, A10. Disponível em: http://digital.estadao. com.br/o-estado-de-s-paulo/20170911. Acesso em: 26 set. 2017.

SACCO, Ricardo Ferreira. O Ministério Público no Direito Constitucional Comparado. *Revista Jurídica do Ministério Público do Estado de Minas Gerais*, Minas Gerais, novembro 2007. Disponível em: https://acervo.mpmg.mp.br. Acesso em: 20 jul. 2017.

SAUWEN FILHO, João Francisco. *Ministério Público Brasileiro e o Estado Democrático de Direito*. Rio de Janeiro: Renovar. 1999.

SILVA, Danni Sales. Acordo de não-persecução penal: inconformidade jurídico constitucional da Resolução nº 181/2017 do Conselho Nacional do Ministério Público. *Revista Jus Navigandi*, ISSN 1518-4862, Teresina, ano 22, n. 5192, 18 set. 2017. Disponível em: https://jus.com.br/artigos/60570. Acesso em: 9 dez. 2017.

SILVA, José Afonso da. *Curso de Direito Constitucional Positivo*. São Paulo: Malheiros, 1998.

SILVIO, Rodrigues. *Direito Civil*. São Paulo: Saraiva, 2003. v. 1.

SOUZA, Luiz Sergio Fernandes de. *Abuso de Direito Processual*: uma teoria pragmática. São Paulo: Revista dos Tribunais, 2005.

SOUZA, Victor Roberto Corrêa de. Ministério Público. *Revista Jus Navigandi*, Teresina, ano 9, n. 229, 22 fev. 2004. Disponível em: https://jus.com.br/artigos/4867. Acesso em: 29 set. 2016.

STOCO, Rui. *Abuso do direito e má-fé processual*. São Paulo: RT, 2002,

SUPREMO TRIBUNAL FEDERAL. AgRg no REsp 1370119/RJ, Rel. Ministro Humberto Martins, Segunda Turma, julgado em 19/9/13, *Diário da Justiça Eletrônico (DJE)*, 30 set. 13. Disponível em: http://www.stf.jus.br/portal/constituicao/artigoBd.asp#visualizar. Acesso em: 25 set. 2017.

SUPREMO TRIBUNAL FEDERAL. AR 1.958 AgR-segundo, rel. min. Dias Toffoli, j. 10-4-2014, *Diário da Justiça Eletrônico (DJE)*, 30 maio 2014. Disponível em: http://www.stf.jus. br/portal/constituicao/artigoBd.asp#visualizar. Acesso em: 25 set. 2017.

SUPREMO TRIBUNAL FEDERAL. HC 67.759, rel. min. Celso de Mello, j. 6-8-1992, P, DJ de 1º-7-1993.= HC 103.038, rel. min. Joaquim Barbosa, j. 11-10-2011, 2ª T, *Diário da Justiça Eletrônico (DJE)*, 27 out. 2011. Disponível em: http://www.stf.jus.br/portal/constituicao/ artigoBd.asp#visualizar. Acesso em: 25 set. 2017.

SUPREMO TRIBUNAL FEDERAL. HC 85.137, rel. min. Cezar Peluso, j. 13-9-2005, 1ª T, *Diário da Justiça Eletrônico (DJE)*, 28 out. 2005. Disponível em: http://www.stf.jus.br/portal/ constituicao/artigoBd.asp#visualizar. Acesso em: 25.09.201.

SUPREMO TRIBUNAL FEDERAL. HC 92.885, rel. min. Cármen Lúcia, j. 29-4-2008, 1ª T, *Diário da Justiça Eletrônico (DJE)*, 20 jun. 2008. Disponível em: http://www.stf.jus.br/ portal/constituicao/artigoBd.asp#visualizar. Acesso em: 25 set. 2017.

SUPREMO TRIBUNAL FEDERAL. Rcl 7.101, rel. min. Cármen Lúcia, j. 24-2-2011, P, *Diário da Justiça Eletrônico (DJE)*, 09 ago. 2011. Disponível em: http://www.stf.jus.br/portal/ constituicao/artigoBd.asp#visualizar. Acesso em: 25.09.201.

SUPREMO TRIBUNAL FEDERAL. Rcl 9.327 AgR, rel. min. Dias Toffoli, j. 23-5-2013, *Diário da Justiça Eletrônico (DJE)*, 1º ago. 2013 Disponível em: http://www.stf.jus.br/portal/ constituicao/artigoBd.asp#visualizar. Acesso em: 25.09.2017.2217-o-abuso-de-poder-no-direito-penal-brasileiro. Acesso em: 23 ago. 2017.

TOJAL, Sebastião Botto de Barros; RENAULT, S. R. T. Não se faz justiça sem direito. *Folha de S.Paulo,* São Paulo, 28 dez. 2014. Disponível em: http://www1.folha.uol.com.br/fsp/opiniao/201893-nao-se-faz-justica-sem-direito.shtml. Acesso em: 08 dez. 2017.

TUCCI, Rogério Lauria. Ação civil pública e sua abusiva utilização pelo Ministério Público. *Revista da AJURIS* – n. 56 – novembro/1992. Disponível em: http://livepublish.iob.com.br/ntzajuris/lpext.dll/Infobase/5730b/57350/5744b?f=templates&fn=document-frame.htm&2. Acesso em: 15 nov. 2017.

TUCCI, Rogério Lauria. Ação civil pública e sua abusiva utilização pelo Ministério Público e distorção pelo Poder Judiciário. *In:* Wald, Arnold (Org.). *Aspectos polêmicos da ação civil pública.* São Paulo: Saraiva, 2007.

UNIVERSIDADE DE SÃO PAULO. Sistema Integrado de Bibliotecas da USP. Diretrizes para apresentação de dissertações e teses da USP: parte I (ABNT). Integrado de Bibliotecas da USP; Vânia Martins Bueno de Oliveira Funaro, coordenadora; Vânia Martins Bueno de Oliveira Funaro... [et al.]. 3. ed. rev. ampl. mod. São Paulo SIBiUSP. 2016. 100p. Disponível: http://www.teses.usp.br/index.php?option=com_content&view=article&id=52&Itemid=67. Acesso em: 12 dez. 2017.

VELLOSO, Galba. *Desvio de poder:* doutrina, jurisprudência, aplicação prática. São Paulo: Malheiros, 2007.

VENOSA, Silvio de Salvo. *Direito Civil.* Parte Geral. 2. ed. São Paulo: Atlas, 2002. v. 1.

Esta obra foi composta em fonte Palatino Linotype, corpo 10
e impressa em papel Offset 75g (miolo) e Supremo 250g (capa)
pela Gráfica Laser Plus.